职业院校课程改革特色教材（汽车类）

ZHIYE YUANXIAO KECHENG GAIGE TESE JIAOCAI (QICHELEI)

汽车美容与装饰
一体化教程

■ 车小平　总主编
　马振宇　吴杰　主编

人民邮电出版社

北京

图书在版编目（CIP）数据

汽车美容与装饰一体化教程 / 马振宇，吴杰主编
. -- 北京 ：人民邮电出版社，2014.9
职业院校课程改革特色教材. 汽车类
ISBN 978-7-115-36334-3

Ⅰ．①汽… Ⅱ．①马… ②吴… Ⅲ．①汽车－车辆保
养－高等职业教育－教材 Ⅳ．①U472

中国版本图书馆CIP数据核字(2014)第175047号

内 容 提 要

本书以工作过程为导向，采用理论与实践一体化教学的方式组织内容，本书与《汽车美容与装饰
一体化学生手册》相互配合使用。本书以培养学生的汽车美容与装饰技能为核心，以工作过程为导向，
详细介绍了车身美容护理、汽车室内清洁与护理、车身漆面护理、发动机舱清洗护理和汽车装饰保护
的操作等内容。

本书可作为中、高等职业技术学院汽车应用类专业的教学用书，也可供有关技术人员参考、学习、
培训之用。

◆ 总 主 编　车小平
　　主　　编　马振宇　吴　杰
　　责任编辑　刘盛平
　　执行编辑　王丽美
　　责任印制　焦志炜

◆ 人民邮电出版社出版发行　　北京市丰台区成寿寺路 11 号
　　邮编　100164　电子邮件　315@ptpress.com.cn
　　网址　http://www.ptpress.com.cn
　　北京九州迅驰传媒文化有限公司印刷

◆ 开本：787×1092　1/16
　　印张：8　　　　　　　　2014 年 9 月第 1 版
　　字数：159 千字　　　　2024 年 7 月北京第 21 次印刷

定价：20.00 元
读者服务热线：**(010)81055256**　印装质量热线：**(010)81055316**
反盗版热线：**(010)81055315**
广告经营许可证：京东市监广登字 20170147 号

汽车美容与装饰一体化教程

编　委　会

总主编：车小平

主　编：马振宇　吴　杰

副主编：黄凯华　李显贵　廖腾南　徐子轩　黄　毅

参　编：李明海　董　义　吴宗健　陈　军　黄承程

　　　　吴海峰　林德智　何时清　兰婷婷　李国军

PREFACE 前言

汽车美容与装饰是汽车维修的典型工作任务之一，是汽车维修技术人员、汽车维修工的典型工作任务，是汽车维修技术技能人才必须掌握的技能，也是中职汽车维修专业的一门重要的专业化核心课程。

本书以工作过程为导向，强调学习的内容要与将来所从事的工作相关联，以典型汽车为载体，根据课程目标，采用理论与实践一体化的教学模式，组织包含职业岗位典型工作任务，与社会生活和实际生产相关联的实践问题、理论知识、操作技能以及学习评价等内容。并通过教材设定的"理实一体化"教学模式、教学内容、技能训练和教学评价反馈体系的"教、学、做、考"四位一体组织教学。

本书按照职业岗位工作过程的逻辑，把汽车美容与装饰岗位的 5 个方面的工作共 19 个专项工作任务。通过 5 个教学项目和 19 个教学项目单元的学习和训练，学生不仅能够掌握汽车美容与装饰知识，而且能够掌握汽车美容与装饰的方法和技能，达到汽车美容与装饰中级工的水平。

本书的参考学时为 78～100 学时，建议采用理论实践一体化教学模式，各章的参考学时见学时分配表。

学时分配表

项　　目	课程内容	学　　时
绪论	绪论	2～4
项目一	车身美容护理	14～18
项目二	汽车室内清洁与护理	18～22
项目三	车身漆面护理	16～22
项目四	发动机舱清洗护理	4～6
项目五	汽车装饰保护	24～28
课时总计		78～100

由于编者水平和经验有限，书中难免有欠妥和错误之处，恳请读者批评指正。

编者
2014 年 5 月

CONTENTS

目录

汽车产业越来越成为支撑我国经济发展的重要产业，汽车产业地位的提高，不仅是汽车产销量的增加和质量的提升与科技的进步，还催发了汽车后市场的快速发展。作为汽车后市场中的新兴行业——汽车美容业，也随着汽车后市场快速发展和汽车消费的日渐成熟而快速发展起来。

自从 20 世纪 90 年代初汽车美容在我国出现以来，汽车美容行业经历了服务项目单一、服务模式落后、专业名牌产品少、专业机械设备不配套，以及专业技术人才缺乏等艰难的发展过程。随着汽车美容行业服务质量的提升与科技的进步，它已成为普及性、专业性很强的服务行业。目前汽车美容行业的新产品、新技术，对每一道工序都有标准而规范的技术要求，严格按照工序要求采用专业工具、专业产品和专业手段，标志着汽车美容行业已经进入了系统化、专业化、规范化时代。

目前我国汽车美容行业服务水平和质量有了很大提高，从单一的洗车店向综合性的服务会所发展，从单一化服务模式到多元化服务，从单一的个体运营到企业的品牌团队化操作运营等，以其项目齐全、技术精湛、服务快捷方便、质量稳定而越来越受到人们的欢迎。

汽车美容需求和消费量，伴随着国内消费水平的不断提高及国内汽车保有量的不断增加有较明显的增长。因为人们认识到对汽车进行美容和保养可以美观汽车及延长汽车的使用寿命，也可以有效减少车辆故障率及避免以后花大钱维修，因此改变了用车的观念，使汽车美容行业的发展有了消费需求的基础。据调查数据表明，2010 年国内汽车美容消费量过千亿元，预计今后几年，汽车美容行业还将保持高增长态势。曾有专家在某城市对消费者汽车美容消费情况进行抽样调查，有超过三分之一的车主有意向进行汽车美容消费和有超过一半的消费者每月可以支出 100～500 元的汽车美容消费。

目前国内汽车美容行业主要分为三类。

第一类是汽车 4S 店，因汽车销售利润逐年下降，汽车美容服务作为增加利润的主要途径之一。汽车 4S 店服务多元化，企业的品牌团队化操作运营等，以其项目齐全、技术精湛、服务快捷方便、质量稳定占有优势。但昂贵的价格使大多消费者望而却步。

第二类是连锁加盟店，是指一个汽车美容品牌持有者以同样的方式、同样的标准，在多处同样命名的服务店里，出售固有汽车用品，提供汽车养护改装等服务，以多元化服务、企业的品牌团队化操作运营等。连锁加盟店以其项目齐全、技术精湛、服务快捷方便、质量稳定而越来越受到人们的欢迎。

第三类是自立门户的店面，这一类企业，大多数专业性不强，从业人员素质也较低，主要是以洗车打蜡为主要业务。

汽车美容服务项目从最基本的洗车、打蜡衍生到车身美容护理、汽车室内清洁与护理、车身漆面护理及汽车装饰保护等四个方面。

一、车身美容护理

汽车在使用过程中，由于紫外线、大气中的有害气体、酸雨、鸟粪和沥青等黏附于漆面等对车身漆面造成持续侵害，漆层内部的油分会大量损失，漆面日益变得干燥，会出现失光、异色斑点，甚至龟裂，车身美容护理即是针对这些情况进行的护理。

车身美容护理包括汽车外部清洗（见图 0-1）、车身打蜡、车身漆面深度清洁等项目。

图 0-1　汽车外部清洗

二、汽车室内清洁与护理

汽车室内清洁与护理是针对汽车内室部件平时受到外界油、尘、泥沙、烟、乘客汗垢以及空气循环等不良因素影响，造成车内室空气受污染，内饰中的地毯、真皮或丝绒座椅、空调口、后备箱等处经常接触潮湿的空气和水，使丝绒发霉、滋生细菌、真皮老化，甚至产生难闻的气味的清洁护理。

汽车室内清洁与护理包括车室内清洁护理如图 0-2 和图 0-3 所示，发动机清洁护理和行李箱清洁护理等项目。

图 0-2　内饰美容护理

图 0-3　内饰美容护理

三、车身漆面护理

车身漆面护理是针对汽车车身漆面失光、异色斑点，龟裂、车身漆面被石头等硬物划伤、擦伤、鸟粪和沥青等黏附于漆面的处理。

车身漆面护理项目包括打蜡、漆面氧化护理和漆面还原修复护理等项目如图 0-4 和图 0-5 所示。

图 0-4 车身漆面护理 　　　　　　图 0-5 车身漆面镜面处理

四、汽车装饰保护

汽车装饰保护可分为贴防爆隔热膜（见图 0-6）和汽车防护。汽车防护服务项目包括底盘装甲防护（见图 0-8）、防盗器、倒车雷达（见图 0-7）、静电放电器、汽车语音报警装置安装等。作为汽车美容服务的延伸项目的汽车精品如车用香水、蜡掸、脚垫、坐垫、座套、把套等相关物品的配置。

图 0-6 贴防爆隔热膜 　　　　　　图 0-7 底盘装甲防护

图 0-8 倒车雷达套件

【趣味知识】暴雨过后汽车保养

车辆在雨中浇透后，必须彻底清洗干净雨水。雨水除了会残留在车身表面，还会流进车身下方缝隙当中；汽车在雨中行驶时，路面上的污泥也会溅到这些缝隙里面。当雨水与这些污泥脏物相遇后，便会形成黏附在缝隙当中的脏物，藏在难以察觉的部位。这些隐藏污泥的部位，正是湿气聚集的地方，久而久之就会导致车身下部生锈，不仅影响车辆美观，而且也会对车体造成损伤。

车身美容护理

汽车在使用过程中，由于日晒雨淋、风吹沙击、尘土飞扬、高温、严寒、强光、酸雨等恶劣环境影响，使车身漆面和零部件表面受到侵蚀，沾染污垢，严重影响车身装饰效果和使用寿命。因此，应定期和不定期进行车身美容护理，清除车身表面尘土、酸雨、沥青等污染物，防止漆面及其他车身部件受到腐蚀和损害。适时对车身打蜡不但能给车身带来光彩亮丽的效果还可以防紫外线、防酸雨、抗高温及防静电，也能以延缓漆面的老化。

一、车身美容护理项目

车身美容护理是对汽车车身外观的美化与护理。它包括洗车和干车、打蜡和车身漆面深度清洁等车身美容护理项目，是运用专业汽车美容系列产品和采用特殊的工艺和方法，对汽车进行漆面清洁、防护处理作业。

车身美容护理项目主要内容包括全车清水冲洗如图 1-1 和图 1-2 所示，全车洗车液泡沫擦拭如图 1-3 所示，车身深度清洁、全车清水清洗、干车如图 1-4 所示等。

图 1-1　车身清洗

图 1-2　车轮清洗

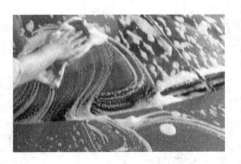

图 1-3　洗车液泡沫擦洗

图 1-4　毛巾擦干车身

二、打蜡

打蜡是在汽车洗车和干车完成后，在车体常温时，按一定的工艺和方法在车漆上研磨形成一层约 2μm 的蜡层，如图 1-5 和图 1-6 所示。打蜡是汽车美容的传统项目，分手工打蜡和机器打蜡两种方法。

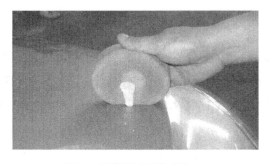 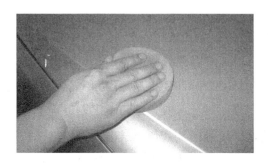

图 1-5　车身手工打蜡（1）　　　　　　　　图 1-6　车身手工打蜡（2）

三、车身漆面深度清洁

车身漆面深度清洁是运用专业清洗类美容产品，如 PRO 环保除虫剂 C-71、威猛等清洗类专业美容产品，按一定的工艺和方法对车身进行去胶质、除柏油、除水泥、除树脂等去除污染物处理，如图 1-7 和图 1-8 所示。

图 1-7　抛光处理　　　　　　　　　图 1-8　全车研磨深度清洁

　　　　　　洗车和干车

知识要点

了解洗车和干车的作用。

了解洗车和干车的工作流程。

了解洗车和干车的常用设备、用具和养护用品。

掌握规范的洗车和干车操作流程。
掌握洗车和干车设备及用具的使用方法。

一、洗车和干车的作用

洗车和干车是把车身上的一切能对干车流程有危害的杂物清洗干净并擦干车身。洗车和干车是整个汽车美容护理中最为基础的一个项目，没有它的铺垫，其他美容项目用再好的护理产品、再好的护理技术都会因此而大打折扣。同时洗车和干车也可以作为一个独立完整的汽车美容护理项目。

二、洗车和干车工作流程

洗车工作看似很简单，但是做到速度快、质量好且让顾客满意就不简单了。洗车服务是汽车美容企业招揽生意、固定客源的一种重要手段。如果说汽车美容行业分为两端的话，洗车就是前端，美容与装饰等就是后端。通过专业、快速的洗车服务会给顾客留下良好的印象，为销售其他汽车用品和提供服务奠定良好的信任基础，所以洗车必须拥有最为规范、标准的流程。

洗车标准的流程分为预洗流程和干车流程。预洗流程是为了把车身上的可能对干车流程有危害的杂物清洗干净。

目前汽车美容企业采用的洗车方法和工序各有不同。主要的洗车方式有无划痕洗车方式和传统洗车方式两种。

1. 无划痕洗车方式的洗车流程

（1）指引车辆到指定预洗车位。

（2）检查车辆门窗、天窗是否关紧，确认门窗、天窗关紧后，方可进行下一步。

（3）对全车喷洒免擦无划痕洗车液。喷洒部位：钢圈、轮胎（以上部件有可能出现顽固油污，需要配合刷子或湿毛巾清洁）、轮眉内侧、车身下幅、前/后保险杠、倒车镜、前/后挡风玻璃，如车身有尾翼也要喷洒尾翼。

（4）车身深度清洁，如车身有粪便或特殊污垢的情况下，喷洒专业清洗剂（如 PRO 环保除虫剂 C-71、威猛等）进行特殊处理。

（5）在免擦无划痕洗车液喷洒后，用高压水枪清洗已呈浮化状态或悬浮状态的污渍脱离汽车表面。开门冲洗门边需注意不要弄湿车内室。

2. 传统洗车方式的洗车流程

（1）进入预洗车位。指引车辆到指定预洗车位。

（2）洗车前的准备工作。检查车辆门窗、天窗是否关紧，确认门窗、天窗关紧后，方可进行下一步。

（3）全车清水冲洗。高压清洗机清洗全车，如图 1-9 所示，目的是用喷水枪将车身、车轮、叶子板的泥沙冲洗干净。车身通体被喷水枪打湿而无遗漏，表面无大颗粒泥沙或污物。清洗部位：钢圈、轮胎（以上部件会有可能出现顽固油污，需要配合刷子或湿毛巾清洁）、轮眉内侧、车身下幅、前/后保险杠、倒车镜、前/后挡风玻璃等，如车身有尾翼也要喷洒尾翼。对汽车轮胎、轮眉内侧的清洗操作如图 1-10 所示。

图 1-9　高压清洗机清洗全车　　　　图 1-10　轮胎、轮眉内侧冲洗

（4）全车喷洒洗车泡沫。通过泡沫发泡机（见图 1-11）对全车进行泡沫喷洒，如图 1-12 所示。喷洒部位：钢圈、轮胎、轮眉内侧、车身下幅、前后保险杠、倒车镜、前后挡风玻璃等。

图 1-11　泡沫发泡机　　　　　　　图 1-12　洗车液泡沫喷洒

（5）全车洗车液泡沫擦拭。用海绵或毛巾擦洗全车，擦洗部位：钢圈、轮胎、轮眉内侧、车身下幅、前/后保险杠、倒车镜、前/后挡风玻璃等，如图 1-13 所示。

图 1-13 洗车液泡沫擦拭

（6）车身深度清洁。在车身有粪便或特殊污垢的情况下，喷洒专业清洗剂进行特殊处理。

（7）全车清水清洗。用高压水枪清洗经过洗车液擦拭后已呈浮化状态或悬浮状态的污渍，使其脱离汽车表面，如图 1-14 所示。开门冲洗门边时需注意不要弄湿车内室。

图 1-14 用高压清洗机清洗

3．干车流程

（1）进入干车车位，指引车辆到指定干车区车位。

（2）车身脱水，由 2 个人分别站在车的两侧拉住大毛巾从前向后再从后到前进行车身脱水，如图 1-15 所示。

（3）车身表面残留的水擦干，脱水完成后，由 2 人负责把大毛巾上的水分拧干，由其中一人把大毛巾叠成 1/4 大小，把车身表面残留的水擦干（见图 1-16），擦好后，把大毛巾拧干晾好。

图 1-15 毛巾擦干车身　　　　　　　　　图 1-16 擦干车身表面残留的水

（4）整车进行清洁，用不同颜色的毛巾擦拭车辆各个部位，是为了防止二次污染，减少工作时间。用什么颜色的毛巾擦拭什么部位无特殊规定，但要求每个部位只能使用一种颜色的毛巾，决定后不能改变。

① 红色：擦拭车辆内、外门玻璃及前后内、外挡风玻璃。

② 紫色：擦拭车辆内室，包括仪表台、中控台、排挡座、中央扶手、座椅、门板及后工作台。

③ 棕色：擦拭门边及后尾箱门边。

④ 绿色：擦拭车辆漆面（2条）。

⑤ 旧毛巾：擦拭轮胎和轮毂，清洁发动机、检查并添加雨刮水。

⑥ 用擦门边的毛巾（棕色）擦拭车身下幅及车轮钢圈、轮辐。

（5）用吹干枪吹干车身缝隙，如图 1-17 所示。

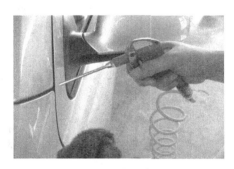

图 1-17　吹干缝隙

【知识扩展】使用高压水枪向车身喷水时，水枪与车身的倾斜角为 30°～60°，水枪距离车漆面一般为 20～30cm。如图 1-18 所示。由于水是经过高压作用后喷出的，如果大于或者小于这个倾斜角，就有可能对车漆造成伤害。

图 1-18　使用高压水枪的方法倾斜角为 30°～60° 操作

【趣味知识】

如何快速完成预洗流程，顺序很重要。不做重复冲洗某一部位，由一个轮胎为起始点，转一圈把全身每个部位都冲洗到位。也可两人配合操作，从车头开始，分两侧完成自己的部位，同步冲洗，直至在车尾汇合完成预洗，如图 1-19 所示。

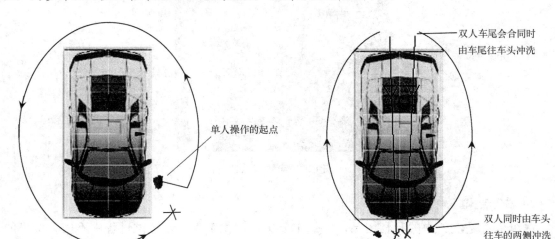

单人操作的起点

双人车尾会合同时由车尾往车头冲洗

双人同时由车头往车的两侧冲洗

（a）单人操作　　　　　　　　　　　　　　　（b）双人操作

图 1-19　汽车洗车路线图

三、洗车和干车的常用设备、用具和养护用品

1. 海绵

海绵主要用于擦拭车身。

（1）洗车海绵。洗车用的海绵如图 1-20 所示，应具有较好的吸土、吸垢能力，能使沙粒或尘土很容易深藏于海绵的气孔之内，避免洗车时刮伤车身表面。

（2）免划痕洗车海绵包如图 1-21 所示。特点：非常柔软，不会划伤车身；超强去污能力，起泡效果非常迅速；两面不同的材质，网状的一面可以轻松去除虫迹、各类粪便等顽固残留，毛茸茸的毛须可以有效包住沙砾，不会让沙砾落在汽车表面；缝制精密，人性化设计，使用便捷顺手。

（3）洗车海绵包。洗车海绵包侧面是网状胶质，如图 1-22 所示，可以利用它轻松去除虫迹、粪便等顽固残留。双面毛巾面料加海绵洗车打泡效果特别好。

图 1-20　洗车海绵

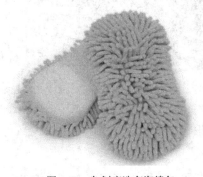

图 1-21　免划痕洗车海绵包

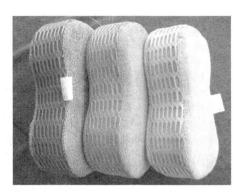

图 1-22　洗车海绵包

2．洗车毛巾

洗车毛巾是洗车中的易耗用品，它们主要用于擦拭车身，在擦拭过程中不应有细小的纤维落在车身上。洗车时用的毛巾和浴巾应采用无纺布制品，化纤毛巾会刮伤车身表面，全棉毛巾会留下毛屑。

洗车毛巾要分类处理，不能一块毛巾用到底，因为擦过车身下部的毛巾里有大量洗不掉的细沙，再用其擦拭车身就很容易划伤车漆表面。毛巾和海绵分类使用，不同的部位使用不同的毛巾。

（1）超柔纤维洗车巾。超柔纤维洗车巾是采用纳米技术制造，如图 1-23 所示，适合各种车漆面、人体、宠物、家具、车内饰、真皮、橡胶、电器等擦拭。超柔纤维洗车巾不易划伤被擦物，不掉毛絮；打蜡效果好；吸水性好，吸水量大；有很强的静电吸引能力，也适合擦拭汽车内饰，仪表盘等；去污力强，擦拭油脂类脏污后，表面不留痕迹。

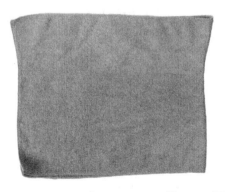

图 1-23　超柔纤维洗车毛巾

（2）超细纤维擦车毛巾。

3．麂皮

麂皮（见图 1-24）主要用于擦干车身表面。麂皮的质地柔钦，有利于保护漆面，具有良好的吸水能力，尤其是对车身表面及玻璃水膜的清洗效果极佳。

在洗车作业中，一般先用毛巾或浴巾将车身表面擦拭后，再用麂皮进一步擦干，以利于延长麂皮的使用寿命。另外，在选用麂皮时，尽可能选用皮质韧性、耐磨性好的，较厚的麂皮。

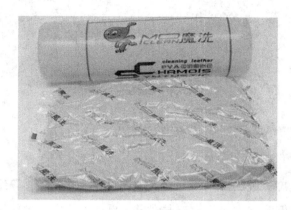

图 1-24　麂皮

麂皮特点：手感柔软细腻，不伤物体表面，吸水性强，即擦即干，不留水痕，经久耐用，擦拭后不留灰尘，不掉毛絮，用后易清洗，节省清洁剂，不用时呈硬块状，以阻止病菌入侵和繁殖。

4．板刷

板刷（见图 1-25）主要用于清除轮胎、挡泥板等处附着的泥土和污垢。由于上述部位泥土附着较厚，不易冲洗干净，在洗车时有针对性地进行刷洗。

图 1-25　板刷

5．高压清洗机

高压清洗机（见图 1-26）由电机、水泵、喷枪等组成。高压清洗机工作时，可提供一定的压力和流量的液流，通过喷枪上的调节套可调整液流在束状和扩散雾状之间变化。喷水枪一般设计成手枪式。

图 1-26　高压清洗机

6．泡沫发泡机

泡沫发泡机由储液罐，进、排气阀，进、排水阀和泡沫出口阀等组成，如图 1-27 所示。将水和洗车液按一定比例配置加注到泡沫发泡机，再加入规定压力的压缩空气后，可通过喷枪喷射出洗车液泡沫。

图 1-27　泡沫发泡机

7．扇形高压枪

扇形高压枪是经过多年的实践和不断地完善成为现在使用的洗车枪，如图 1-28 所示。它喷出的水是扇形，这样能通过水状切割把漆面上的杂质清除，并且作用面积大，更为省水。

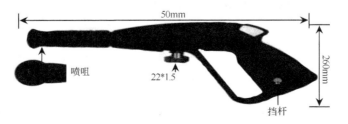

图 1-28　扇形高压枪

8. 吹尘枪

吹尘枪或称干洗枪，如图 1-29 所示，它能把漆面等位置边边角角的杂质通过用旋转的气体吸出来，同时也能把水吹出来。

图 1-29 吹尘枪

9. 洗车时所需的养护用品

洗车养护用品有多种，一般有中性洗车液（见图 1-30）、不脱蜡洗车液（见图 1-31）、脱蜡洗车液、轮毂光洁剂、去水剂。

图 1-30 中性洗车液　　　　　　　图 1-31 龟牌洗车水蜡

（1）中性洗车液。用中性洗车液 PH 值在 6.5～7.5 之间为中性，既不会侵蚀车身表面，还能给予车体一种保养的功效，达到保护车漆的目的。

（2）不脱蜡洗车液。不脱蜡洗车液不含碱性盐类，主要成分是种类不同的表面活性剂，其中非离子活性剂使用的比较多，是车身日常清洁的首选洗车液。车本身有蜡，但不想把它洗掉，只是做日常的洗车养护，在这种情况下可使用不脱蜡洗车液。

（3）脱蜡洗车液。脱蜡洗车液去除油脂、油污及其他杂质具有很好的效果。主要用于大型美容护理前的车身清洁。如果需要打新的保护性上光蜡，可使用脱蜡洗车液，把车上原有的残蜡、油泥、污垢都洗掉。

（4）洗车水蜡。用于日常的水蜡（上光）洗车，同样适用于其他物品（非渗透表面）的保护性清洗。适合摩擦性洗车（电脑滚刷式洗车、手工擦洗、手工刷洗等接触式磨擦洗车）有效减少接触带来的磨损。

（5）轮胎亮光蜡。轮胎亮光蜡如图1-32所示，适用于轮胎用橡胶制品，具有亮光、洁净、预防龟裂、抗静电的功效。

图1-32　轮胎亮光蜡

四、洗车和干车作业中的主要操作规则要求

1．车身冲洗操作规程

不论是用高压水枪清洗车身、车轮，还是用高压水枪清洗车身、车轮洗车液泡沫，车身冲洗的操作规程是一样的，即用喷水枪从汽车顶部开始从上至下（或是免擦无划痕的从下往上）冲洗如图1-33、图1-34和图1-35所示，将沾在车身表面的泥沙冲洗掉。如果车身较脏，可反复冲洗。冲洗车身下部和车轮时，将喷水枪调整为扇形液流，冲掉车身下部和车轮上的附着的污泥和其他附着物。

图1-33　汽车顶部冲洗

图1-34　车身下部冲洗

图 1-35　汽车车轮冲洗

2．传统洗车方式的泡沫清洗机使用和洗车液调配操作规程

洗车液产生的泡沫越多，车身脏污就越容易洗掉。正确使用泡沫清洗机和正确调配水和洗车液的比例，方可获得理想的洗车泡沫。

不同的泡沫发泡机的使用方法和洗车液调配各不相同，所以在使用泡沫发泡机前一定要仔细阅读使用说明书。

如使用 GREENS-380 型泡沫清洗机和中性洗车液。

先往泡沫清洗机内加入 50% 的水，如图 1-36 所示；再加入洗车液 550mL，如图 1-37 所示；再加入 20% 的水；最后往泡沫清洗机内加入压缩空气，可喷洒泡沫。

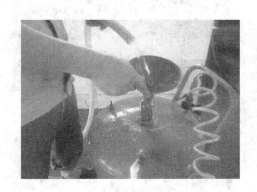

图 1-36　泡沫清洗机加水

图 1-37　泡沫清洗机内加洗车液

3．喷洒洗车液泡沫和泡沫擦拭操作规程

（1）喷洒洗车液泡沫操作规程。喷洒洗车液泡沫的基本操作是打开泡沫喷枪开关，即可喷洒洗车液泡沫。上下有规律地对车身抖动喷头，使洗车液泡沫均匀地喷洒于车体上，不要遗漏，如图 1-38 所示。喷洒泡沫的量不要太多，否则过多泡沫会脱落，造成浪费。喷射距离可以用压力来调节。

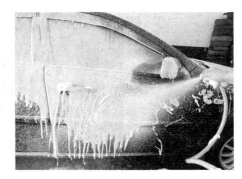

图 1-38　泡沫喷枪喷洒洗车液泡沫操作

（2）洗车液泡沫擦拭操作规程。洗车液泡沫擦拭是喷洒洗车液泡沫后，使用软毛巾从前向后和由上往下的顺序对汽车通体呈"S"形擦拭，不要遗漏，如图 1-39、图 1-40、图 1-41和图 1-42 所示。擦洗用的软毛巾一定要干净，没有沙砾，当擦完汽车后软毛巾一定要放在清洁的水里泡洗；在擦洗泥沙多的漆面时，注意不要让泥沙中的大颗沙砾划伤漆面。可分两块软毛巾擦拭车体，以保险杠为界限分开使用。用刷子或海绵等刷洗掉车轮轮辋、轮辐和轮胎上的泥土和污垢。

图 1-39　车身顶部泡沫擦拭操作　　　　　　　　图 1-40　车身泡沫擦拭操作

图 1-41　车窗泡沫擦拭操作　　　　　　　　图 1-42　车轮泡沫擦拭操作

4. 冲洗车身洗车液和干车身操作规程

（1）冲洗车身泡沫操作规程。泡沫擦拭后，用喷水枪冲洗经过洗车液擦拭后呈浮化状态或悬浮状态的污渍脱离汽车表面。冲洗时应从上而下以赶水的方式进行，如图 1-43 和图 1-44 所示。注意车身接缝处、拐角处的泡沫等残留物要冲洗干净，不要遗漏。

图 1-43　冲洗车顶车身泡沫操作

图 1-44　冲洗车轮泡沫

（2）干车操作规程。车身泡沫完全冲去后，先用大块半湿毛巾对汽车通体擦拭两遍，吸去水分，如图 1-45 所示。再用干燥的合成鹿皮或软毛巾逐块擦干车身、车门内边框，如图 1-46 和图 1-47 所示。最后用吹气枪把车身缝隙和接口处的水分吹干，如图 1-48 所示。使车身漆面无水渍，无漏擦之处，无毛巾的残毛（脱掉的线）。

图 1-45　用毛巾对汽车通体擦拭操作

图 1-46　用干燥软毛巾逐块擦干车身操作

图 1-47　用干燥的软毛巾擦干车门

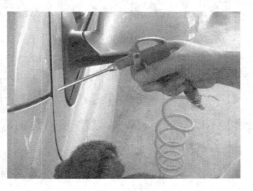

图 1-48　用吹气枪吹出车身缝隙的水操作

5．轮胎上光护理操作规程

用洗车液清洗轮胎，能够一定程度去除污渍。但无法使轮胎恢复到新的状态。可以对轮胎上轮胎釉，如 PRO 的 S-87。将适量轮胎釉倒置到刷子上，然后用刷子擦拭汽车轮胎，如图 1-49 所示，即可使轮胎亮光、洁净并防止龟裂。

图 1-49　轮胎上光护理操作

6．清洁脚垫操作操作规程

从车内取出脚垫，用喷水枪冲洗，喷洒清洗剂，用板刷刷洗，再次用水枪将地毯正面清洗剂和地毯背面完全冲洗干净，如图 1-50 所示。按照地毯甩干机承受能力，将地毯横立放置（正面向外）甩干，如图 1-51 所示。

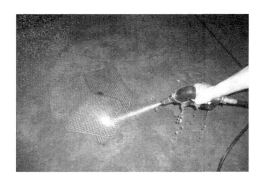

图 1-50　喷水枪冲洗脚垫操作

图 1-51　甩干机甩干脚垫操作

7．无划痕洗车清洗机使用和免擦无划痕洗车宝洗车液的调配操作规程

（1）无划痕洗车清洗机是一台二合一的清洗机，如图 1-52 所示，通过和扇形高压枪配合。能同时喷出预洗材料和水。工作压力稳定，出水稳定，压力一般为 $6kg/m^2$ 左右。它需要一个专门的容器存放材料。

（2）不同的免擦无划痕洗车宝洗车液如图 1-53 所示，其调配各不相同，比例有 1∶40 或者 1∶100 多种。配比方法：在桶里放三分之二的水，之后倒进产品进行搅拌均匀。

图 1-52 无划痕洗车清洗机

图 1-53 无划痕洗车液

单元二 车身打蜡

知识要点

- 了解打蜡的作用。
- 了解打蜡的工作流程。
- 了解打蜡的常用设备、用具和养护用品。

技能要点

- 掌握规范的打蜡操作流程。
- 掌握打蜡的设备和用具的使用方法。

一、车身打蜡护理的作用

打蜡是汽车美容的传统项目，是通过打蜡海绵沾打蜡在车漆上研磨形成一层约 $2\mu m$ 的蜡层，形成隐形保护膜，可以有效地隔断车身与空气、尘埃的摩擦，其主要作用是防水、防酸雨、抗高温和紫外线、防静电和防尘。车蜡还能起到上光的作用，使汽车显得更美观。

1. 防水作用

汽车经常暴露在空气中，不免受风吹雨淋，当水滴存留在车身表面，在天气转晴，强烈阳光照射下，每个小水滴就是一个凸透镜，在它的聚焦作用下，焦点处温度达 $800℃\sim1000℃$，会灼伤油漆表面，造成漆面暗斑，极大影响了漆面的质量及使用寿命。另外，水滴易使暴露金属表面产生锈蚀，由于车蜡的保护，会使车身的水滴附着量降低，效果十分明显，能达到 $50\%\sim90\%$，极大地降低了车身遭受侵蚀的可能性，最大限度地保护漆面。

2．防高温和紫外线作用

车蜡的抗高温作用是对来自不同方向的入射光产生有效反射，防止入射光使面漆或底色漆老化变色。

3．防紫外线作用

车蜡隔离紫外线的效用与它的抗高温效用是并行的。在日光中，因为紫外线的特征决定了紫外线较易于折射入漆面，防紫外线车蜡针对紫外线的特征，涂覆的蜡层可以使紫外线对车表的损害降低。

4．防静电效用

汽车静电的产生主要来自两个方面，一是纤维织物，如地毯、椅子、衣物等物品的摩擦；另外一方面是因为汽车在行驶过程中，空气中的尘埃与车身金属外表彼此摩擦产生的，静电会对乘员和汽车造成危险。车蜡防静电效用主要体现在对车表静电的防止上，其原理是车蜡隔绝尘埃与车表金属摩擦。涂覆蜡层的厚度及车蜡品种附着能力不同，它的防静电效用有所不同，一般防静电车蜡在阻断尘埃与漆面摩擦的能力方面优于普通车蜡。

二、车身打蜡护理工作流程

车身打蜡护理可单独作为一种护理项目，也可将漆面封釉护理和漆面打蜡护理进行组合使用。车身打蜡护理是车身漆面美容护理的最后一个环节。车身打蜡护理前需完成洗车、干车和车身漆面深度清洁项目，然后再进行车身打蜡护理。

通过正确规范的车身打蜡操作才能对汽车漆面起养护作用。目前汽车美容企业采用的车身打蜡的方法和蜡的种类各有不同。主要的车身打蜡护理的方式方法有两种，一种是手工打蜡，它的好处是工艺简单、速度快、技能要求不高。缺点是蜡层不均匀、不能持久；另一种是机器打蜡，它的好处是打出来蜡层均匀，效果持久。缺点是时间久，工艺要求较高。

1．手工打蜡护理工作流程

常用手工打蜡护理工作流程是在完成洗车和干车项目后，根据车身漆面情况选择合适的车蜡，并按所选定的车蜡种类的工序要求进行打蜡护理。手工打蜡护理如图 1-54 和图 1-55 所示，机器打蜡如图 1-56 所示。

图 1-54　车蜡

图 1-55　手工车身打蜡护理

2．机器打蜡护理

机器打蜡（见图1-56）是使用专用的打蜡机和液体蜡在车身上研磨打蜡护理，手法和手工打蜡的井字手法一样，但是前期的工艺多了一道封边工序，即车漆上与漆面连接的所有塑料件。

图 1-56　机器打蜡

三、车身打蜡护理用品和设备

1．车蜡

车蜡的主要成分是聚乙烯乳液或硅酮类高分子化合物，并含有油脂成分。但由于车蜡中含的添加成分不同，使其物质形态及性能上有所区别，进而划分为不同的种类。了解了不同车蜡的特性，根据车辆的具体使用情况及个人的喜好选择适当的车蜡。

车蜡种类一般常分为天然棕榈车蜡和合成车蜡，固态车蜡是较常用的品种。新车车身打蜡使用没有研磨剂的棕榈蜡。旧车车身打蜡需要漆面深度清洁后再打蜡。从蜡的功能不同分类，有去污蜡、防水蜡、防高温蜡、防静电蜡及防紫外线蜡、防酸防腐型蜡、水晶蜡、上光蜡和抛光研磨蜡等。本书介绍以下几种车蜡。

（1）PROW-41黄蜡如图1-57所示。百分百巴西棕榈蜡，具有超常的鲜度光泽、清晰光亮效果。

（2）P-36樱桃蜡如图1-58所示。含巴西棕榈和天然油脂，具有极好的光泽效果，独特的阳离子成分使其具有超强的防水、抗静电功能，保持时间可达6个月。

图 1-57　PROW-41 黄蜡

图 1-58　P-36 樱桃蜡

（3）去污蜡如图 1-59 所示，适用于不同车漆表面，能迅速并简单除去车漆各种污渍，恢复车漆原有色彩，同时形成一层坚固亮丽的蜡层，为车漆提供长久上光和保护作用。去污蜡可安全去除污点而不损坏表面涂层。快速去除油漆、表面、保险杠、窗户和车架上的各种污垢，恢复表层的光彩而不会留下新的隐患，以下污垢尤为明显：虫胶、焦油、柏油、顽固污渍、树胶、油污、不干胶、沥青、尘垢、灰尘。实践经验证明去污蜡使用在白色的车漆上有较好的效果，使用到其他颜色的车漆上会使车漆泛白。

（4）去划痕蜡（见图 1-60）适用于所有车漆表面，能迅速除去车漆表面的细微划痕、有效治理车漆发黑、发白、褪色等氧化现象，恢复车漆原有色彩，同时为车漆提供经典的传统光泽和保护。

（5）冰晶蜡（见图 1-61）含高分子密封剂，可有效防止酸雨等污染物对漆面的侵蚀和紫外线的氧化，并能防止发丝和涡状的划痕。极限水晶光泽，可在漆面层形成光泽度极高、驱水力超强的树脂保护层。

图 1-59　去污蜡

图 1-60　去划痕蜡　　　　　　　图 1-61　冰晶蜡

2．打蜡海绵和打蜡软毛巾

（1）打蜡海绵。打蜡海绵专门设计为车身打蜡用，如图1-62所示。具有耐油、耐水、耐磨、耐磨蚀、耐高温、拉伸性特别强、弹性好、无不良气味等特殊性能，而且产品密度高，泡孔均匀、光泽好，与织物复合粘结率强。适用于手工打蜡。

（2）打蜡毛巾。打蜡毛巾采用超柔纤维洗车巾。超柔纤维洗车巾采用纳米技术制造如图1-63所示。适合各种车漆面、人体、宠物、家具、车内饰、真皮、橡胶、电器等擦拭。特点是不划伤被擦物，不掉毛絮；打蜡效果好；吸水性好。也适合擦拭汽车内饰，仪表盘等；去污力强，擦拭机油类污物后，表面不留痕迹。

图1-62　打蜡海绵　　　　　　　图1-63　打蜡毛巾

四、车身打蜡操作规程

车身打蜡护理是车身漆面美容护理的最后一个环节，包括车身打蜡、漆面氧化处理和抛光处理三道工序。

车身打蜡护理的操作规程是在车蜡选定后，根据选定的车蜡产品使用方法进行打蜡操作。

一般的车身打蜡操作规程如下所述。

（1）在打蜡海绵上涂抹适量的车蜡后，是用涂有蜡的打蜡海绵将车蜡涂抹在车身表面上，如图1-64和图1-65所示。

（2）采用相应的研磨手法如手工打蜡手法有螺旋手法和井字手法，在车身上研磨打蜡护理，如图1-66所示。井字手法是专业手工打蜡最为常用的一种手法，不仅能打得均匀，速度也快。

全车使用井字手法均匀地涂抹上专业的养护蜡，根据蜡性选择打局部擦局部或是打完全车再擦。

螺旋手法好处是用研磨的手法，能充分的使蜡附着在车漆上，但是也容易使车漆出现炫纹。

（3）涂沫5～10min后用专业的擦蜡毛巾擦拭抛光，如图1-67所示。

（4）最后用干毛巾清除车身缝处残留下的车蜡。

图 1-64　海绵块涂上适量的车蜡

图 1-65　用涂有蜡的海绵在车身涂抹车蜡

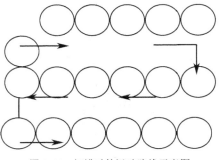

图 1-66　打蜡时的运动路线示意图

图 1-67　干净毛巾擦拭抛光操作

单元三　车身漆面深度清洁

知识要点

○ 了解车身漆面深度清洁的作用。

○ 了解车身漆面深度清洁的工作流程。

○ 了解车身漆面深度清洁的常用设备、用具和养护用品。

技能要点

掌握规范的车身漆面深度清洁流程。

掌握车身漆面深度清洁的设备和用具的使用方法。

一、车身漆面深度清洁的作用

汽车行驶中车身漆面难免会粘上昆虫、鸟粪、焦油等，还会有工业污染物和铁粉黏附在车身漆面上。普通洗车只能清洗掉车漆表面的油污和尘土等一般污垢，却清洗不掉它们，如

图 1-68 所示。如果它们在车体表面逗留时间过长，就会与车漆产生化学反应，发生氧化腐蚀，再加上灰尘，使车身变得蓬头垢面，污迹斑斑。须用专业清洗剂和相应的方法去清除。

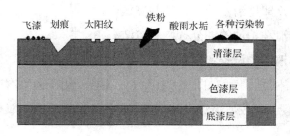

图 1-68 洗车后的漆面状态图

1．鸟粪

将车停在树荫下，容易沾染了鸟粪。鸟粪属于生物排泄物，相对来说，成分较简单，腐蚀性不强，清洁容易。

2．沥青

炎热的夏天，路面的沥青受热溶化，很容易溅在车面上。如果情况不严重，可以在干了的沥青上利用柏油清洗剂将其溶化，然后再用抹布擦干。如果车身经过了暴晒，由于阳光的作用，沥青会渗透到漆面内部，并产生腐蚀作用。

3．油漆、油污

油漆、油污对于漆面都有致命的损伤，如果油漆或油污已经存在很久，漆面则会出现褶皱，表面起泡、龟裂，出现所谓的"桔皮"现象。

4．酸雨、空调水

酸雨可谓是最常见的对车面的损伤形式了。由于酸雨融合了许多腐蚀性的物质，轻者会使得漆面氧化，失去光泽，变得暗淡无光；重者会使光滑的车面出现疙瘩。黑色的车还好，白色或浅色的车，就会出现黑色斑点，车面变黄，出现龟裂。另外，一些管道、空调漏下的水滴，对车面的腐蚀很大，容易氧化形成白点，很难清洗，可用抛光处理。

二、车身漆面深度清洁的工作流程

车身漆面深度清洁是用专用洗涤剂和相应的方法，清洁洗车时所清洗不掉的车身漆面污垢。由于车身漆面污垢多种多样，所以车身漆面深度清洁的用品也有很多品种，而不同的清洁的用品作业方法也不同。一般的车身漆面深度清洁是根据车身漆面污垢的成因，选择合适的清洁用品，并根据所选择的清洁用品规定的作业方法进行车身漆面深度清洁作业。

如车身上沥青的清洁工作流程如下。

（1）目视检查出在车身上的沥青颗粒。

（2）用干净布蘸上柴油或煤油，并轻抹在沥青处（或使用沥青清洁剂喷洒在沥青处）。

（3）待附在车身上的沥青溶解后，用毛巾擦拭溶解后的柏油，如果仍未能完全溶解，可再多加些煤油或柴油使其溶解（或多喷洒一些沥青清洁剂使其溶解）。

（4）擦拭干净后，立即用清水清洗该处并擦拭干净。

（5）将全车或只将清洗柏油的部分打蜡和清洁。

三、车身漆面深度清洁的设备和用具

（1）漆面吸附胶。漆面吸附胶如图 1-69 所示，主要是用于去除汽车漆面的顽固污渍：柏油、铁粉、鸟（虫）粪便、树胶、喷漆飞溅，以及空气中酸雨形成的氧化物等。用其清除漆面铁粉特别有效。

图 1-69　漆面吸附胶

（2）沥青清洁剂。沥青清洁剂（见图 1-70），适用于各种无缝表层，如金属、车漆、塑料、玻璃等上的焦油、沥青、鸟粪渍清除。柏油清洁剂能快速渗透、溶解及清除汽车，摩托车及金属轮框上的焦油、沥青、鸟粪渍等难以清洗的污垢，且不会腐蚀被清洁物体。

（3）强力去污蜡。强力去污蜡如图 1-71 所示，主要用于治理严重氧化、（环境污染）腐蚀、褪色的车漆表层；也可用于去除浅划痕（未露底漆和金属层的浅划痕）。适合于瓷漆和丙稀酸车漆。

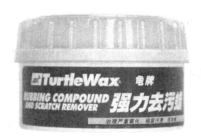

图 1-70 柏油清洁剂　　　　　　　　　图 1-71 强力去污蜡

（4）虫胶去除剂。虫胶去除剂（见图 1-72）可软化和融化粘在车身各处，包括漆面，塑料的镀膜部件、车窗、多种碳酸盐材料部件、聚酯材料部件上的昆虫痕迹，可以在冲洗汽车、直接清洗之前使用。

（5）石乳蜡。石乳蜡如图 1-73 所示，是去污、上光和保护功能于一体的液态车蜡，含有改良的硬质聚合物增强剂，具有去痕、增艳功能。适合消除车身的擦伤与洗车留下的划痕，使车身恢复钻石般光泽，持久增光保护。

图 1-72　虫胶去除剂　　　　　　　　图 1-73　石乳蜡

四、车身漆面深度清洁操作规程

1. 车身漆面深度清洁用品的选择

如汽车漆面有顽固污渍如柏油、铁粉、鸟（虫）粪便、树胶、喷漆飞溅，以及空气中酸雨形成的氧化物等。可以使用漆面吸附胶、柏油清洁剂、强力去污蜡、万能泡沫清洁剂等。

如金属、车漆、塑料、玻璃上的焦油、沥青等，可以使用柏油清洁剂。如严重氧化、（环境污染）腐蚀、褪色的车漆表层和浅划痕（未露底漆和金属层的浅划痕）等，可以使用强力去污蜡。如漆面，塑料镀膜部件、车窗、多种碳酸盐材料部件、聚酯材料部件上有昆虫痕迹，可以使用虫胶去除剂。

漆面吸附胶、去污泥对清除漆面铁粉特别有效。

2. 漆面深度清洁操作规程

车身漆面深度清洁是用专业清洗剂和相应的方法，清除车身漆面清洗所清洗不掉的车身漆面污垢。漆面深度清洁是在车身外部清洗完成后，通过查看车身顽固污渍情况。选择合适的清洗剂，并根据所选择的清洗剂的产品使用方法进行车身漆面深度清洁作业。

（1）使用漆面吸附胶、去污泥深度清洁的操作规程。如果汽车漆面有顽固污渍：柏油、铁粉、鸟（虫）粪便、树胶、喷漆飞溅，以及空气中酸雨形成的氧化物等尤其是漆面有铁粉。

可选择使用漆面吸附胶、去污泥进行深度清洁。

将胶块或去污泥捏成片状，同时用喷壶对需要清洁的漆面喷洗车液，用手按住胶块在清洁面轻轻反复擦抹，如图 1-74 所示。把胶块或去污泥上粘有污物的部分捏在中间，保持用干净的那一面去摩擦车身表面。

图 1-74　漆面吸附胶或去污泥清除铁粉和污物的操作

（2）使用去污蜡深度清洁操作规程。如果车身漆面严重氧化、腐蚀、褪色的车漆表层和发丝浅划痕（未露底漆和金属层的浅划痕），可选择去污蜡或强力去污蜡。

使用去污蜡深度清洁操作规程是在海绵块涂上适量的去污蜡，用涂有去污蜡的海绵在需去污修复的车漆表层往复擦拭进行深度清洁（见图 1-75）。使用去污蜡深度清洁完成后，最后用干净毛巾擦拭车身（见图 1-76）和清除车身缝处残留下的去污蜡。

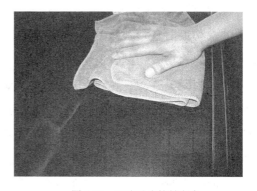

图 1-75　用涂有去污蜡的海绵块擦拭车身　　　　　图 1-76　干净毛巾擦拭车身

一、汽车室内清洁与护理的作用

现代汽车已越来越重视车内部的装饰，特别是一些豪华车，装备有结构复杂且昂贵的各类电控设备、丝绒或者真皮座椅等。所以保持车内清洁和做好各项美容护理显得非常重要。车内室部件平时受到外界油、尘、泥沙、烟、乘客汗垢以及空气循环等不良因素影响，使车内室空气受污染，内饰中的地毯、真皮或丝绒座椅、空调口、后备箱等处经常接触潮湿的空气和水，使丝绒发霉、真皮老化，甚至产生难闻的气味。还滋生细菌，影响身心健康、不利驾驶心境。因此，汽车内室的清洁护理非常重要。

经常做汽车室内清洁与护理可以达到以下目的。第一，美化车室的内饰环境。有利于人的生理及心理健康；第二，汽车室内清洁干净的环境，有利于人的身体健康。第三，汽车室内各个部位清洁、杀菌除臭和护理等可以延长这些部件的使用寿命。

二、汽车室内清洁护理工作流程

汽车室内清洁护理的项目具有多样性，有绒布制品、皮革制品、橡塑制品等部件。不同材料的部件的清洁护理需使用相应的养护用品和不同的方法。不同的汽车美容企业的汽车室内清洁护理流程也不相同。如 PRO 汽车室内清洁护理流程如下。

（1）全车清洗（普洗流程清洗）。

（2）全车脱水（干车流程）。

（3）整理车内物品。

（4）顶棚清洁护理。

（5）仪表台清洗。

（6）中央储物箱清洗。

（7）烟灰缸及杂物箱清洗。

（8）门板清洁。

（9）座椅真皮清洗。

（10）后台清洗。

（11）安全带清洗。

（12）车内地毯清洁。

（13）后备箱清洗。

（14）全车门边、门柱橡胶条清洗。

（15）空调清洁。

（16）仪表台、中控台上光护理。

（17）门板上光护理。

（18）真皮上光护理。

（19）全车室内塑料件的防老化处理。

（20）车门锁润滑护理。

（21）全车室内除臭消毒。

（22）全车缝隙风枪吹尘。

（23）把放在杂物箱的车上物品放回车内。

（24）收拾工具，打扫现场卫生。

（25）验收检查。

单元一 汽车室内顶棚清洁护理

知识要点

了解汽车室内顶棚清洁护理的作用。

了解汽车室内顶棚清洁护理的工作流程。

技能要点

掌握汽车室内顶棚清洁护理的设备和用具的使用方法。

掌握汽车室内顶棚清洁护理主要项目的基本操作规程。

一、汽车室内顶棚清洁护理的作用

汽车室内顶棚清洁护理是汽车室内清洁与护理项目中的一个部分，与车内其他的装饰件一样，受到外界油、尘、泥沙、烟、乘客汗垢以及空气循环等不良因素影响，使车内室空气受污染。丝绒顶棚经常接触潮湿的空气和水，使丝绒发霉甚至产生难闻的气味，还滋生细菌，影响身心健康、不利驾驶心境。因此，汽车内室顶棚的清洁护理非常重要。

二、汽车室内顶棚清洁护理工作流程

（1）使用龙卷风清洗枪配合清洁产品清洗顶棚要由里往外，进行第一遍清洁。

（2）用毛巾擦拭。

（3）使用干洗枪吹干。

（4）竣工验收检查。

三、汽车室内顶棚清洁护理的设备和用具

1．龙卷风清洗枪

龙卷风清洗枪（见图 2-1）清洗汽车内饰，通过压缩空气带动材料通过旋转气体进行清洗。

图 2-1　龙卷风清洗枪

2．吹尘枪

吹尘枪或称干洗枪如图 2-2 所示，它能把漆面等位置的边边角角的杂质通过用旋转的气体吸出来，同时也能把水吹出来。

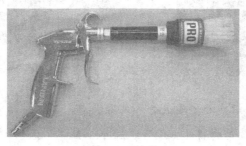

图 2-2　吹尘枪

3．C-83 高档纺织物清洗剂

C-83 高档纺织物清洗剂如图 2-3 所示，具有强力清洗和快速清洗功能，并伴有清新空气香味，为非腐蚀性成分产品，既环保又具备强力清洗功能。稀释比例为 40：1。符合 VOC 标准，包装为 1 加仑装。

图 2-3　高档纺织物清洗剂

四、汽车室内顶棚清洁护理操作规程

（1）使用龙卷风清洗枪清洗顶棚。使用龙卷风配合清洁产品清洗顶棚要由里往外进行第一遍清洁，如图 2-4 所示。

（2）擦拭顶棚。使用干净的毛巾擦拭汽车顶棚，如图 2-5 所示。

（3）最后再用干洗枪吹干顶棚。干洗枪与顶棚之间保持 30°～45° 倾斜角度进行吹干。

 注意

清洗顶棚如果不按标准手法进行清洁，会有可能导致顶棚鼓包，甚至脱落。

图 2-4　使用龙卷风清洗枪清洗顶棚

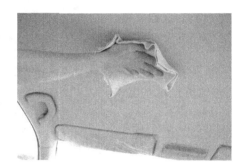

图 2-5　擦拭顶棚

【趣味知识】汽车内室污染的主要成分和来源

有害化学成分→车内装饰材料（如脚垫、胶水、油漆、涂料、木制品等）产生，越是豪华的车越容易产生这类污染。

霉→来源于空调、脚垫、座套、车上杂物及容易滋生细菌的地方。

异味→烟味（在车内吸烟，烟碱及烟气中的固形物吸附在空调及车内饰表面而产生）、宠物味（宠物本身气味及其排泄物的气味）、食物味（车上放了气味很大的食物，如榴莲、大蒜、海鲜等）。

单元二 汽车室内仪表台、中控台清洗护理

知识要点

了解汽车室内仪表台、中控台清洗护理的作用。

了解汽车室内仪表台、中控台清洗护理的工作流程。

技能要点

掌握汽车室内仪表台、中控台清洗护理的设备和用具的使用方法。

掌握汽车室内清仪表台、中控台清洗护理的基本操作。

一、汽车室内仪表台、中控台清洗上光护理的作用

汽车室内仪表台是车内饰电子元件最多的地方，也是时时刻刻出现在驾驶员视野中的地方。汽车室内仪表台清洗上光护理是汽车室内清洁与护理项目中的一个部分，与车内其他的装饰件一样，受到外界油、尘、泥沙、烟、乘客汗垢以及空气循环等不良因素影响，使车内室空气受污染，仪表台、中控台经常接触潮湿的空气和粉尘，使仪表台、中控台上布满灰尘和污垢。还会滋生细菌，影响身心健康、不利驾驶心境。因此，汽车内室仪表台、中控台清洗上光护理非常重要。

二、汽车室内仪表台、中空台清洗护理工作流程

（1）护理前的准备工作，把仪表台、中控台、储物箱里的所有物品拿出放好。

（2）护理工作，使用龙卷风清洗枪配合 C-84、海绵、毛巾清洗。

（3）护理完成后的工作，把物品原封不动的放回原位。

（4）竣工验收检查。

三、汽车室内仪表台、中控台清洗护理的设备和工具

汽车室内仪表台、中控台清洗护理的设备和工具主要有龙卷风清洗枪、吹尘枪、毛刷、魔术海绵、PRO 环保专业多功能清洗剂 C-84 和 PRO 环保专业多功能清洗剂 C-84。

1. PRO 环保专业多功能清洗剂 C-84

PRO 环保专业多功能清洗剂 C-84 为无腐蚀性设计的强力多功能的清洗剂（见图 2-6），可以深入油垢、油污，清除尘土、火山灰、橡胶黑条纹、昆虫残渣、蜡笔印痕迹等。快速安全地为发动机、轮毂、轮胎、门板和油箱口去除油污，并可为地毯、脚垫、织物、塑料清洗。稀释比例为 20∶1。符合 VOC 标准，包装为 1 加仑装。

图 2-6　PRO 环保专业多功能清洗剂 C-84

2．PRO 环保专业上光保护剂 S-92

PRO 环保专业上光保护剂 S-92 为水基型上光剂（见图 2-7），有樱桃香味，具有很高的光泽度及抗紫外线功效。适用于橡胶及塑料制品。含有丰富的水调解成分，可柔软和更新退色的塑料、橡胶表面。为达到较光泽的效果可 1∶1 稀释。符合 VOC 标准，包装为 1 加仑装。

图 2-7　PRO 环保专业上光保护剂 S-92

四、仪表台、中控台清洗和护理操作规程

使用毛刷和干洗枪对电子部件进行清洗（见图 2-8）。

图 2-8 使用毛刷对电子部件进行清洗

所有的电子部件都不能直接使用龙卷风清洗，这样容易使电子部件短路，应使用干洗枪，或者毛刷配合毛巾清洗，如图 2-9 所示。

图 2-9 使用干洗枪对电子部件进行清洗

单元三 汽车室内安全带清洗护理

知识要点

了解汽车室内安全带清洗护理的作用。

了解安全带清洗护理的工作流程。

技能要点

掌握安全带清洗护理的设备和用具的使用方法。

掌握全安全带清洗护理的基本操作。

一、汽车室内安全带清洗护理的作用

汽车室内安全带清洗护理是汽车室内清洁与护理项目中的一个部分，与车内其他的装饰件一样，受到外界油、尘、泥沙、烟、乘客汗垢以及空气循环等不良因素影响，使车内室空气受污染，安全带等经常接触潮湿的空气和粉尘，使安全带上布满灰尘和污垢。还滋生细菌，影响身心健康、不利驾驶心境。安全带是车内室车主乘客直接接触最多的地方，也最容易受到人手上的污垢、汗垢的侵蚀。长时间不清洗容易发霉，严重的会使人出现皮肤病。因此，汽车内室安全带清洗护理护理非常重要。

二、汽车室内安全带清洗护理工作流程

（1）清洗前的准备工作，把清洗部位所以物品拿出放好。

（2）清洗安全带，使用龙卷风清洗枪配合毛巾进行清洗，如图 2-10 所示。

清洗前　　　　　　　　　　清洗中　　　　　　　　　清洗出来的污垢

图 2-10　汽车室内安全带清洗过程

（3）用干洗枪吹干。

（4）竣工验收检查。

三、汽车室内安全带清洗上光护理的设备和用具

汽车室内安全带清洗上光护理的设备和用具主要有龙卷风清洗枪、魔术海绵、PRO 环保专业多功能清洗剂 C-84。

 **汽车座椅真皮清洗上光和座椅绒布清洁护理**

了解汽车真皮座椅清洗上光和丝绒座椅清洁护理的作用。

了解汽车真皮座椅清洗上光和丝绒座椅清洁护理的工作流程。

技能要点

○ 掌握汽车真皮座椅清洗上光和丝绒座椅清洁护理的设备和用具的使用方法。

○ 掌握汽车真皮座椅清洗上光和丝绒座椅清洁护理的基本操作。

一、汽车真皮座椅清洗上光和丝绒座椅清洁护理的作用

汽车真皮座椅清洗上光和丝绒座椅清洁护理是汽车室内清洁与护理项目中的一个部分，其主要是受到人的汗垢、粉尘的污染，久不清洗容易老化。因为汽车座椅，特别是高档车的座椅都是十分昂贵的，所以座椅的清洗是十分有必要的。

汽车座椅护理的项目具有多样性，有绒布制品、皮革制品等不同材料，不同的座椅清洗清护理需使用相应的养护用品，不同的养护用品的使用方法也有不同。因此，要根据不同材料的部件选择相应的养护用品，并按养护用品的使用方法进行护理。对于真皮或人造革的汽车座椅等要用专门的皮革上光保护剂、透明保护剂、真皮上光保护剂、皮革化纤清洁保护剂等养护用品，并按这些养护用品的使用方法进行清洁护理。

二、汽车真皮座椅清洗和丝绒座椅清洁工作流程

1．PRO 汽车真皮座椅清洗工作流程

（1）工作前的准备工作，清空门边、座椅上的所有物品。

（2）清洗门边，使用龙卷风配合 C-84 或者海绵配合 C-84 进行清洗。

（3）清洗座椅，根据材质选择产品。真皮部位用海绵配合 C-12；丝绒部位用龙卷风配合 C-83。

（4）上光。使用上光镀膜枪配合 S-92 进行上光。

（5）竣工验收检查。

2．传统的汽车真皮座椅清洗上光护理工作流程

（1）清洗前准备工作，将皮革表面用软布擦拭干净。

（2）选用真皮清洁剂清洗皮革座椅。

（3）选用真皮护理剂上光护理。

（4）竣工验收检查。

3．汽车丝绒座椅清洁护理工作流程

（1）清洗前准备工作，将丝绒座椅表面用软布擦拭干净。

（2）选用专用丝绒清洁剂清洗丝绒座椅。

（3）竣工验收检查。

三、真皮座椅清洗上光和丝绒座椅清洁护理的设备和用具

真皮座椅清洗上光和丝绒座椅清洁护理的设备和用具主要有龙卷风清洗枪、上光镀膜枪、魔术海绵、专业上光海绵、毛巾（超柔纤维洗车毛巾）。

1. PRO 环保专业皮革清洗剂 C-12

PRO 环保专业皮革清洗剂 C-12 为专业皮革清洗剂（见图 2-11），酸碱指数为中性，具有皮革气味，能快速完全的清除皮革表面的污垢及油污，且不会有任何残留物及清洗痕迹等。符合 VOC 标准，包装为 1 加仑装。

图 2-11　PRO 环保专业皮革清洗剂 C-12

2. PRO 环保专业真皮上光剂 S-44-Q

PRO 环保专业真皮上光剂 S-44-Q 含天然的皮革养护原料成分、丰富的乳脂护理剂和防腐剂（见图 2-12），可以帮助皮革达到恢复和保护功能。独特的无硅树脂成分很容易渗透到皮革深层，结合纤维以便巩固皮革功效，时刻保持皮革的柔软度和光滑度，可有效地防止紫外线的照射。本品有皮革的自然芳香，符合 VOC 标准，包装为 1 夸脱装。

图 2-12　PRO 环保专业真皮上光剂 S-44-Q

3．皮革护理油

皮革护理油如图 2-13 所示，适用于所有类型的座椅皮革，适用于家具的新旧皮面上，如真皮沙发、皮大衣、皮鞋等。

图 2-13　皮革护理油

4．皮革保护上光液

皮革保护上光液如图 2-14 所示，适用于汽车仪表台、皮革座椅；各种服装革、鞋面革、箱包革、手套革及电器塑料外壳的护理使用，拥有卓越的皮革抗老化性能，耐高、低温，不含溶剂，不粘皮，能增加皮革制品的手感，使之更加柔软自然，赋予皮革制品优良的光泽性、耐干湿擦性、柔韧性，而且还具有优良的附着力以及防水、去污、抗污染性能。

图 2-14　皮革保护上光液

5．皮革保护液

皮革保护液如图 2-15 所示，适用于汽车真皮座椅，家庭真皮沙发，各种真皮及人造皮革产品的清洁。可在皮革表面形成保护膜，不仅可以保持皮革的透气性，同时彻底的隔离污垢。滋润皮革表面，防止老化与硬化，维持真皮原有的质感。采取天然的植物精华，安全环保，除味、抑菌。可长时间杜绝灰尘、汗渍、油污等对真皮的污染，易于清洁。

图 2-15　皮革保护液

6. 绒布地毯亚麻清洁剂

绒布地毯亚麻清洁剂如图 2-16 所示，适用于清洁车内及家用地毯，绒布座椅，防止污质的堆积，快速去除油。

图 2-16　绒布地毯亚麻清洁剂

7. 多功能泡沫清洁剂

功能泡沫清洁剂（见图 2-17）汽车内饰的日常清洁：用于清洁汽车内饰中的化纤、木质、皮革、布艺、丝绒、工程塑料等制品（如顶棚、座椅、仪表台、地毯等）。

图 2-17　多功能泡沫清洁剂

四、座椅清洗上光护理操作规程

1. PRO 汽车真皮座椅清洗操作规程

（1）工作前的准备工作，清空门边、座椅上的所有物品。

（2）使用龙卷风配合 C-84 或者海绵配合 C-84 清洗门边。

（3）清洗座椅如图 2-18 所示，根据材质选择产品。真皮部位用海绵配合 C-12；丝绒部位用龙卷风配合 C-83。

（4）座椅上光如图 2-19 所示，使用上光镀膜枪配合 S-92 进行上光。

图 2-18　清洗座椅

图 2-19　座椅上光操作

2. 传统的汽车真皮座椅清洗护理操作规程

按所选用皮革清洁养护剂产品说明书的要求进行汽车真皮座椅清洗护理，如使用皮革护理油和皮革保护上光液进行汽车真皮座椅清洗上光护理。

① 皮革护理油清洗真皮座椅，先将皮革护理油喷敷在皮革表面污渍处如图 2-20 所示。

② 用毛巾擦拭或用软刷刷拭。还可以用毛巾蘸取皮革护理油在污垢上来回擦拭如图 2-21 所示。

③ 用干净的湿毛巾擦除皮革上擦洗出来的污渍。

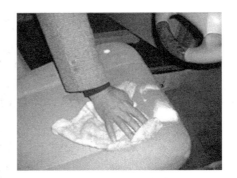

图 2-20 皮革护理油喷敷在皮革表面污渍处 　　　　　　　图 2-21 用毛巾擦拭

④ 将皮革表面用软布擦拭干净，除去其上的尘土、水气。

⑤ 待皮革表面干燥后，进行上光护理，将皮革保护上光液喷敷到皮革座椅表面，浸润几分钟。

⑥ 用干净毛巾反复擦拭，直至皮革光亮如新。若光亮度不够，可多遍喷敷擦拭。

3．不使用皮革制品清洁护理用品的清洁护理操作规程。中、高级轿车多是真皮座椅，化学清洗剂是不能随使用的，应选用强碱性的清洗剂（如肥皂水）进行清洁护理。

① 用干净软毛巾温水浸泡，将肥皂水适量均匀洒在毛巾上，然后轻轻擦拭座椅（褶皱处可反复擦拭）。

② 擦拭完成后，让其通风晾干，再用不含肥皂水的干净湿毛巾擦拭两遍即可。

③ 在清洁后不要用吹风机快速吹干皮革，可用棉纸或柔软毛巾擦干，避免刮伤真皮，也可以在阴凉通风处自然风干。

4．丝绒座椅清洗护理操作规程

（1）按所选用丝绒制品的清洁护理用品产品说明书要求，如使用多功能泡沫清洁剂清洗时，先将多功能泡沫清洁剂喷涂在丝绒座椅污渍处，如图 2-22 所示。

（2）静待数分钟后，用湿毛巾来回擦拭污渍处，如图 2-23 所示。

（3）用干毛巾吸除水和污渍。

图 2-22　清洁剂喷洒在座椅绒布的污面上 　　　　　　　图 2-23　用湿毛巾往复擦拭操作

在织绒座椅不是很脏的时候，可用长毛的刷子和吸力强的吸尘器配合，一边刷座椅表面，一边用吸尘器的吸口把污物吸出来。对于特别脏的座椅，清洁时就要进行以下几个步骤：首先用毛刷子清洗较脏的局部(如较大污渍、垃圾等)，然后用干净抹布蘸少量中性洗涤液，在半干半湿的情况下全面擦拭座椅表面(注意抹布一定要拧干)，最后用吸尘器再次清洁座椅并消除多余的水分。

单元五　汽车室内地毯清洁

知识要点

> 了解汽车室内地毯清洁的作用。
> 了解汽车室内地毯的工作流程。

技能要点

> 掌握汽车室内地毯的设备和用具的使用方法。
> 掌握汽车室内地毯的基本操作。

一、汽车室内地毯清洁的作用

汽车室内地毯清洁是汽车室内清洁与护理项目中的一个部分，与车内其他的装饰件一样，受到外界油、尘、泥沙、烟、乘客汗垢以及空气循环等不良因素影响，使车内室空气受污染，室内地毯经常接触潮湿的空气和粉尘，使室内地毯上布满灰尘和污垢，使室内地毯发霉，还滋生细菌，甚至产生难闻的气味，影响身心健康、不利驾驶心境。因此，汽车室内地毯清洁非常重要。

二、汽车室内地毯清洁工作流程

（1）拿脚垫出去清洗。

（2）地毯吸尘，使用吸尘器进行洗尘。

（3）地毯清洗，使用捶打式地毯清洗枪配合 C-54 进行清洗

（4）竣工验收检查。

三、汽车室内地毯清洁的设备和用具

1．龙卷风清洗枪

龙卷风清洗枪专业清洗汽车内饰，通过压缩空气带动材料通过旋转气体进行清洗。

2．捶打式吸尘枪

如图 2-24 和图 2-25 所示，专业用于内饰清洗项目时清洗地毯。需接吸尘器和气管，通过气带动材料进行清洗，同时通过吸尘器把污垢、泥沙等吸入吸尘器。

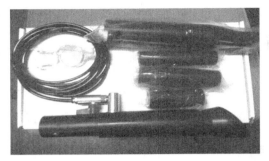 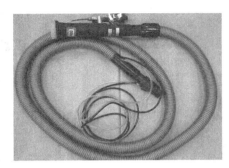

图 2-24　捶打式吸尘枪　　　　　　　　　图 2-25　捶打式吸尘枪

3．PRO 环保专业地毯清洗剂 C-54

PRO 环保专业地毯清洗剂 C-54 是高效泡沫清洗剂（见图 2-26），在去除顽固污渍的同时保证纤维制品较少的变湿，并更快干燥，可恢复纤维制品的光亮及色彩，稀释比例为 9∶1。

图 2-26　PRO 环保专业地毯清洗剂 C-54

四、汽车室内地毯清洁工作操作规程

（1）拿脚垫出去清洗。

（2）室内地毯吸尘，使用吸尘器洗尘（见图 2-27）。

（3）室内地毯清洗，使用捶打式地毯清洗枪配合 C-54 进行清洗，如图 2-28 所示。

图 2-27　吸尘器洗尘

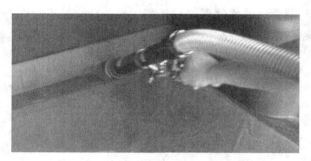

图 2-28　使用捶打式地毯清洗枪清洗地毯

单元六　全车室内塑料部件防老化处理

知识要点

了解全车室内塑料部件防老化处理的作用。

了解全车室内塑料部件防老化处理的工作流程。

技能要点

掌握全车室内塑料部件防老化处理的设备和用具的使用方法。

掌握全车室内塑料部件防老化处理的基本操作。

全车室内塑料部件防老化处理（PRO 环保润滑剂 S-74、索纳克斯等）。

一、全车室内塑料部件防老化处理的作用

全车室内塑料部件的防老化处理是汽车室内清洁与护理项目中的一个部分，与车内其他

的装饰件一样，受到外界油、尘、泥沙、烟、乘客汗垢以及空气循环等不良因素影响，使车内室空气受污染，全车室内塑料部件经常接触潮湿的空气和粉尘，使全车室内塑料件上布满灰尘和污垢，使全车室内塑料件老化。因此，全车室内塑料部件的防老化处理非常重要。

二、全车室内塑料部件防老化处理工作流程

（1）使用龙卷风配合 C-84 进行清洗。

（2）使用上光镀膜枪配合 S-92 进行上光，之后等待 15min。

（3）用擦蜡专用的毛巾进行均匀擦拭。

三、全车室内塑料部件防老化处理的设备和用具

全车室内塑料部件防老化处理的设备和用具主要有龙卷风上光枪、PRO 环保专业上光剂 S-92、表板蜡。

表板蜡如图 2-29 所示，适于家用电器、车辆仪表板、轮胎、皮革座椅、家私、塑料制品的上光及保护。

图 2-29　表板蜡

四、全车室内塑料部件防老化处理操作规程

传统橡塑制品的清洁护理用品的清洁护理操作规程如下。

如仪表板、排挡区、置物箱、方向盘、车门内衬、空调通风口等清洁护理。

对于车内不同部位的橡塑制品，应根据其材质，有针对性地使用不同的专用护理用品，可以有效清洁抛光汽车橡塑部件表面的细微刮痕、瑕疵、雾面及污垢。但在清洁仪表台时，为了防止因光的漫射而对驾驶员产生干扰，应使用不会发出耀眼亮斑的增亮剂。

（1）用吸尘吸水器除去橡塑制品部位的灰尘，特别是条纹、折皱、边角的地方。

（2）如选用表板蜡做清洁护理用品方向盘、车门内饰时，按所选用表板蜡产品说明书要求，使用前先将表板蜡罐摇动，将表板蜡摇匀。

（3）直立罐身，将表板蜡喷涂在橡塑制品表面污渍处（见图 2-30 和图 2-31）。

（4）用干净软毛巾往复擦拭，直到光亮为止（见图 2-32 和图 2-33）。

图 2-30　表板蜡喷涂在橡塑制品部位表面

图 2-31　表板蜡喷洒在车门内饰表面污渍处

图 2-32　用干净软毛巾往复擦拭

图 2-33　用干净软毛巾往复擦拭

单元七　全车室内除臭消毒

知识要点

了解全车室内除臭消毒的作用。

了解全车室内除臭消毒的工作流程。

技能要点

掌握全车室内除臭消毒的设备和用具的使用方法。

掌握全车室内除臭消毒的基本操作。

一、全车室内除臭消毒的作用

全车室内除臭消毒是汽车室内清洁与护理项目中的一个部分，车内空气与车内其他的装饰件一样，受到外界油、尘、泥沙、烟、乘客汗垢以及空气循环等不良因素影响，使车内室空气受污染。因此，全车室内除臭消毒非常重要。

二、全车室内除臭消毒工作流程

PRO 全车室内除臭消毒工作流程如下。

（1）内室清洁。

（2）做好消毒先准备（着车，打开空调，开启 A/C 键，空调风力开到 3 挡）

（3）进行消毒（全车密封）如图 2-34 所示。

图 2-34　车内消毒

三、全车室内除臭消毒的设备和用具

1. 臭氧消毒机

臭氧消毒机（见图 2-35）适用于汽车内饰消毒。臭氧消毒机制造出来的大量臭氧，可以在较短的时间内破坏细菌、病毒和其他微生物的结构，使之失去生存能力。当其浓度超过一定数值后，消毒杀菌甚至可以瞬间完成。

图 2-35　臭氧消毒机

2．PRO 环保除臭剂 S-42-Q

PRO 环保除臭剂 S-42-Q 如图 2-36 所示，该产品通过独特的方式控制异味、吸收异味，而不掩盖正常的气味，特制活性成分可以永久消除异味。本品还含有保证使用安全的特殊成分，可用于汽车室内、房屋内、宠物医院、游艇等。符合 VOC 标准，包装为 1 加仑装。

图 2-36　PRO 环保除臭剂 S-42-Q

3．光触媒喷剂

光触媒喷剂如图 2-37 所示，将本产品喷于交通工具等物体的表面可起到净化空气、抗菌防霉、抗污除臭、亲水自洁的作用。

图 3-37　光触媒喷剂

4．空气清新剂

空气清新剂如图 2-38 所示，它能有效清除难闻气味和烟味，适用于家居、办公室、汽车内使用，更有多种香型可供选择。

图 2-38　空气清新剂

5．空调杀菌除臭剂

空调杀菌除臭剂如图 2-39 所示，它含有高效杀菌的银离子，杀菌效果是一般杀菌剂的一百倍以上，可有效杀死 600 种病原菌并可持续抑菌。

图 2-39　空调杀菌除臭剂

6．84 消毒液

84 消毒液含氯量为 5%，使用时必须加 200 倍的水进行稀释，如果不按比例稀释会有一定腐蚀性。84 消毒液不具挥发性，对肝炎等病毒可通过浸泡起效，但对空中飘浮的飞沫没有什么作用。

四、全车室内除臭消毒操作规程

1．化学杀毒 84 液消毒剂为例的消毒的操作规程

（1）84 液消毒剂的配置，加 200 倍的水进行稀释如图 2-40 所示，如果不按比例稀释会

有一定腐蚀性。

（2）车内进行喷洒 84 消毒液消毒如图 2-41 所示。

（3）打开车门通风几分钟，消除 84 液味道。

图 2-40　84 液消毒剂的配置操作　　　　图 2-41　车内喷洒 84 消毒液消毒

2．臭氧消毒机的使用操作规程

（1）将车窗门关上，在其中一个车窗留下一些缝隙。

（2）将臭氧消毒机的臭氧气管从车窗缝隙插入，如图 2-42 所示。

（3）接通臭氧消毒机电源，消毒过程大约持续 10min。

（4）消毒完成后，打开车门通风几分钟，消除臭氧味道如图 2-43 所示。

图 2-42　臭氧消毒机消毒操作　　　　图 2-43　消毒完成后，打开车门通风消除臭氧味道

3．光触媒原液喷施操作规程

光触媒原液喷剂的喷施操作，使用前摇匀，喷涂前先清理干净被涂物表面。喷嘴距离被涂物表面 30～45cm，以全面均匀喷涂为原则，涂布面以 100～200m^2/kg 效果最佳，可视需要待其干燥后再喷涂第二次。

4．喷洒空气清新剂操作规程

车室内喷施空气清新剂（又称香水或香水补充液），将空气清新剂喷于空调通风口或地毯下面。起动发动机，打开空调 5min，进行车室内异味、杀菌处理，然后打开车门使空气自然流通。

【趣味知识】汽车室内空气清洁

开车前必须要开窗通风几分钟：根据研究，汽车的仪表台、座椅、空气滤清器会释放"苯"，产生毒素致癌。除致癌外，"苯"还会侵蚀我们的骨髓，造成贫血和降低白血球数量。"苯"含量在太阳下会上升到 2000~4000 毫克，超出正常行车时允许量 40 倍。所以车子停放久了，在进入汽车前应先打开车窗，并启动车子预热 3~5 分钟。

项目三

3 车身漆面护理

一、车身漆面还原修复护理的作用

随着全球工业化程度的提高，空气中存在大量有害气体，如 SO_2、CO_2、NO_2 等，它们会和空气中的水分子形成酸雨，造成对汽车漆面的损坏，出现铁锈斑点；工厂生产制造出来的微粒和粉尘会对漆面造成细孔、变色、粗糙。以上这些漆面现象是普通洗车不能去除的，这时就需要进行漆面氧化护理或使用抛光、封釉等方法对车漆表面划痕及粗糙不平部位进行还原修复护理。

二、汽车漆膜表面轻微的失光现象的原因分析和处理

1. 影响汽车漆膜表面轻微的失光现象的原因分析

（1）车身漆面氧化。阳光的常年照射是缩短车漆寿命的主要原因。阳光中的紫外线会造成汽车涂层氧化。如果车身在阳光下暴晒时还附着水滴，氧化的速度会加快很多。轻微氧化，可以用蜡来除去，氧化严重则必须研磨、抛光镜面处理。

（2）车身漆面龟裂。汽车金属漆容易发生龟裂，这是一种非常细微的裂纹，会不断地渗透车漆，直至击穿整个色漆层。龟裂的初期肉眼很难发现。当肉眼能觉察到时已经比较严重。经常打蜡是减少龟裂发生的好办法，当龟裂还在"萌芽"期时，打蜡可以将肉眼看不见的裂纹抛掉。

（3）车身漆面褪色。大气层中的油烟和污染物是造成车漆褪色、变色的主要原因，特别是在工业区和大城市里。褪色、变色现象一般都发生在车身的前盖、车顶和后厢盖，这种褪色与氧化不同，氧化时，车身整体发乌、发白，而褪色时，车漆出现不均匀的色差。金属漆的褪色是由于尘埃、雨水中的酸、碱对金属漆中铝箔的腐蚀所引起的。色漆则是由于漆中的颜料与上述污染物发生化学反应而导致颜色上的改变，有时会出现蚀痕。

（4）车身漆面水痕。车漆很容易出现水痕，或叫水纹。水痕纹呈环状，是水滴蒸发后留下的痕迹。水痕迹中的化学物质在阳光照射下升温时会继续与车漆表面发生化学反应，从而加重水痕。

（5）车身漆面蚀痕。蚀痕是鸟和昆虫遗物、树叶、焦油沥青都有可能引起蚀痕，这些物质会与车漆表面产生化学反应，引起渗透。它们的渗透速度比水痕要快得多。

2. 车身漆面处理

对于车身上的尘埃，一般只需清水冲洗就可以了。但是，对汽车的漆面氧化、龟裂、褪色、划痕等问题仅用清水冲洗方法是无法消除的。需要做一些专门的车身漆面还原修复护理，如漆面氧化护理、漆面还原修复护理、车身漆面研磨抛光镜面处理、车身漆面封釉和镀膜处

理、车身漆面深浅划痕处理是消除漆面氧化、龟裂、褪色、划痕等严重症状的处理方法。

（1）车身漆面氧化护理。车身漆面氧化护理是对汽车漆膜表面进行全车清洗、处理全车漆面树胶、沥青等异物，使用润滑剂配合胶泥进行全车研磨、清洗、全车脱水、全车打蜡等多道工序来消除漆面细微划痕、氧化层等，让汽车漆面呈现出它的光泽。

（2）车身漆面还原修复护理的作用。汽车漆面还原修复护理是在车身漆面氧化护理后，进行漆面划痕氧化层深层去除、漆面旋纹去除、全车全天候玻璃清洗剂清洗、中性蜡水去除漆面残留物、漆面还原新车本色、漆面镜面、漆面封釉、增光、增亮硬化漆、全车漆面塑料件清洁遗留物、漆面保护密封、全车电镀件清洁上光、轮胎和轮毂清洁上光防腐、车体外部橡胶清洁增黑及防老化、车体外部玻璃清洁和全车缝残留去除等处理。

车身漆面氧化护理

了解车身漆面氧化护理的作用。
了解漆面氧化护理的流程。

掌握漆面氧化护理的流程。
掌握漆面氧化护理的基本操作规程。

一、漆面氧化护理的作用

漆面氧化护理非常重要。漆面氧化护理和普通洗车一样，是后续高端漆面护理的基础项目，漆面氧化护理做不好，后续的漆面护理就不可能做好。

二、漆面氧化护理的工作流程

（1）全车检查。

（2）全车清洗。

（3）车身深度清洁。

（4）全车研磨。

（5）全车清洗。

（6）全车脱水（干车流程）。

（7）全车打蜡。

（8）全车缝隙残蜡去除处理。

（9）全车电镀件，塑料件上光。

（10）轮胎上光。

（11）竣工验收检查。

三、漆面氧化护理设备和用具

1. PRO 环保胶油溶剂 C-61

PRO 环保胶油溶剂 C-61 为快干型产品，如图 3-1 所示，可有效溶解焦油、柏油、蜡、黏合剂和硅树脂，并在清洁表面时不留任何杂质。皮革塑料也可安全使用。

图 3-1　PRO 胶油溶剂 C-61

2. PRO 环保超级洗车液 C-60

PRO 环保超级洗车液 C-60 为超浓缩高泡沫中型洗车液，如图 3-2 所示，利用高泡沫紧贴清洗表面达到清洗功能，泡沫易冲洗，不会在日光下形成水印和条纹痕迹。稀释比例为 100：1。符合 VOC 标准，包装为 1 加仑装。

图 3-2　PRO 洗车液 C-60

3．PRO 高档黄蜡 W-41

PRO 高档黄蜡 W-41 是纯巴西棕榈蜡，如图 3-3 所示，是美容专业人士及汽车发烧友的专用产品，具有超常的鲜度光泽、清晰光亮效果，没有清洗和研磨的痕迹。用手工拿湿布操作。符合 VOC 标准，包装为 14 盎司装。

图 3-3　PRO 高档黄蜡 W-41

4．PRO 光亮去除残蜡润滑剂 S-74

PRO 光亮去除残蜡润滑剂 S-74，如图 3-4 所示，具有香蕉香味，可去除表面灰尘、指纹手印和残蜡，是展车的理想用品。同时，该产品也能起到润滑的作用，可配合 C-101、C-102 去污黏土使用。符合 VOC 标准，手工操作。

图 3-4　PRO 光亮去除残蜡润滑剂 S-74

5．PRO 上光保护剂 S-92

PRO 上光保护剂 S-92 为水基型上光剂，如图 3-5 所示，有樱桃香味，具有很高的光泽度及抗紫外线功效，适用于橡胶及塑料制品。含有丰富的水调解成分，可柔软或更新退色的塑料、橡胶表面。为达到较光泽的效果可 1∶1 稀释。

图 3-5　PRO 上光保护剂 S-92

6．PRO 环保上光剂 S-87

PRO 环保上光剂 S-87 为溶基型上光剂，如图 3-6 所示，具有快干功能，伴有水果香味，可在恢复塑料、橡胶原始光泽的同时有保护功能，可在使用表面形成一个保护层，具有高光泽并保护时间持久。

图 3-6　环保上光剂 S-87

这里要注意的是使用 S-92 与 S-87 上光得出的效果是一样的，但是 S-92 是不能用于轮胎上光的，因为 S-92 不防水，用 S-92 给轮胎上光也可以有效果，但是时间不长久，没有保护轮胎的效果，所以轮胎上光采用防水的 S-87；S-87 同样也是不能用于汽车内饰塑料件的上光，它油性重，能明显地感到油性，所以不能用于车内饰塑料件的上光。

7．胶泥

漆面吸附胶（见图 3-7）主要是用于去除汽车漆面的顽固污渍，如柏油、铁粉、鸟（虫）粪便、树胶、喷漆飞溅，以及空气中酸雨形成的氧化物等。清除漆面铁粉特别有效。

图 3-7　漆面吸附胶

8．柏油、沥青清洁剂

柏油、沥青清洁剂（见图 3-8）适用于各种无缝表层，如金属、车漆、塑料、玻璃等。适用于各种无缝表层，如金属、车漆、塑料、玻璃等上的焦油、沥青、鸟粪渍清除。柏油清洁剂能快速渗透、溶解及清除汽车，摩托车及金属轮框上的焦油、沥青、鸟粪渍等难以清洗的污垢，清洁且不会腐蚀被清洁物体。

图 3-8　柏油清洁剂

四、漆面氧化护理操作规程

1．全车检查

首先接车后进行全车检查，检查车漆表面是否有明显的划痕，检查车内是否存有损伤，装饰是否有脱落迹象，是否有贵重物品，电子元件是否一切正常。

2．全车研磨

（1）手工过胶泥全车研磨。全车清洗（按普洗流程清洗）后，接着处理全车漆面树胶、沥青（如 PRO 环保胶油溶剂 C-61，柏油等）等异物，然后使用润滑剂配合胶泥（胶泥是一种火山泥，它能通过研磨吸附车漆上的绝大部分氧化物）进行全车研磨如图（如 PRO 润滑剂 S-74，索纳克斯等）。

全车研磨的顺序为：由上而下，从前往后，研磨部位车身、车灯、玻璃、后视镜、以及边缝角落等。

在磨胶泥时，尽量避免胶泥停留在漆面，在磨边角处、外饰条等缝隙时需要避免胶泥沾留在车表面上。

（2）机器过胶泥全车研磨。使用打蜡机、水磨盘等工具和胶泥进行过胶泥全车研磨。全车研磨的顺序与手工过胶泥全车研磨相同。机器过胶泥操作方法与机器打蜡方法相同。

使用机器时，机器上的气管不能触碰车漆。机器过胶泥研磨标准操作姿势如图 3-9 所示。

图 3-15　机器过胶泥研磨标准操作姿势

全车研磨完成后，用洗车液（如 PRO 环保超级洗车液 C-60、伍尔特等）进行全车清洗。

3．全车脱水

全车脱水（干车流程）后，使用吹尘枪进行吹水，检查并去除全车残留的树胶、沥青等。

4．全车打蜡

全车进行打蜡（如 PRO 高档黄蜡 W-41、3M 蜡等），打蜡时手法需要均匀，控制好力度，切记不要一块厚，一块薄，减少后续收蜡工序的难度，全车涂抹均匀后使用白色干净的蜡布进行收蜡，如图 3-10 所示。

图 3-10　打蜡护理

【知识扩展】

漆面氧化处理与打蜡配合的必要性。漆面氧化处理通过学习可以知道是需要使用胶泥来进行研磨去除漆面上的氧化物，还原漆面的最原始状态，而这时的漆面是没有自我保护能力的。所以做完漆面氧化处理后至少需要打蜡，做一下最基本的保护措施。

5．全车缝隙残蜡

全车缝隙残蜡去除处理如图 3-11 所示。

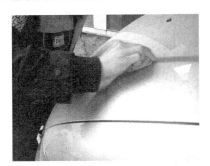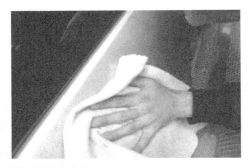

图 3-11　全车缝隙残蜡去除处理

6．全车电镀件、塑料件上光

使用上光镀膜枪，配合产品 S-92 进行，上光操作如图 3-12 所示。

图 3-12　电镀件、塑料件上光

7．轮胎上光

轮胎上光（如 PRO 环保上光剂 S—87、轮胎釉等）也是使用上光镀膜枪配合产品 S-87 进行上光，如图 3-13 所示。

图 3-13　使用上光镀膜枪轮胎上光

注意 使用 S-92 与 S-87 上光得出的效果是一样的，但是 S-92 是不能用于轮胎上光的，因为 S-92 不防水，用 S-92 给轮胎上光也可以有效果，但是时间不长久，没有保护轮胎的效果，所以轮胎上光采用防水的 S-87；S-87 同样也是不能用于汽车内饰塑料件的上光，它油性重，能明显地感到油性，所以不能用于车内饰塑料件的上光。

8. 竣工验收检查

完成上述操作后，对全车进行仔细检查。

9. 收拾工具，打扫现场卫生

将所有工具清洁整理并放在指定位置。

单元二 车身漆面还原修复护理

知识要点
了解车身漆面还原修复护理的作用。
了解车身漆面还原修复护理的工作流程。

技能要点
掌握车身漆面还原修复护理的设备、用具和用品。
掌握车身漆面还原修复护理的基本操作规程。

一、车身漆面还原修复护理的作用

汽车漆面还原修复护理是在车身漆面氧化护理后，进行车身漆面划痕氧化层深层去除处理、漆面旋纹去除处理、漆面还原新车本色处理、漆面镜面处理、全车打蜡等，使全车漆面产生新的漆膜，恢复亮丽。

二、车身漆面还原修复护理工作流程

（1）车身漆面还原修复护理前期准备工作。

（2）漆面划痕氧化层深层去除处理。

（3）漆面旋纹去除处理。

（4）漆面还原新车本色处理。

（5）漆面镜面处理。

（6）全车打蜡。

（7）检查收工。

（8）竣工验收检查。

三、车身漆面还原修复护理的设备、用具和用品

1．抛光机

抛光机分为卧式抛光机（见图 3-14）和立式抛光机（见图 3-15）。卧式抛光机一般为高转速，较难掌握，但施工后的效果也是最好的；立式一般为低转速的，转速慢，较容易操作。

图 3-14　卧式抛光机

图 3-15　立式抛光机

2．抛光盘

抛光盘分粗盘（一般为黄色），中细盘（一般为绿色或蓝色）和抛光盘（一般为白色），如图 3-16 所示。

粗盘　　　　　　　　　　中细盘　　　　　　　　　　抛光盘

图 3-16　抛光盘

3．PRO 专业划痕抛光剂 P-11

此抛光剂是乳状呈奶油色甜樱桃香型不含蜡和硅的抛光剂，如图 3-17 所示，可去除 1000～2000 度砂纸或研磨剂留下的痕迹及中度的氧化、网纹、污点、水点，有利于漆面的光泽和保护。水解成分便于清洗。符合 VOC 标准。机械、手工均可操作，适用于各种车漆。

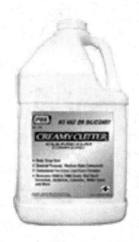

图 3-17　PRO 专业划痕抛光剂 P-11

4．PRO 专业油机研磨剂 P-15

此研磨剂是乳状油基混合不含蜡和硅的研磨剂，如图 3-18 所示。可去除 800～1000 度砂纸或研磨时留下的痕迹及重度的氧化。水解成分便于清洗。符合 VOC 标准。适用于机械操作。

图 3-18　PRO 专业油机研磨剂 P-15

5. PRO 专业网纹去除釉 P-21

如图 3-19 所示，此产品具有高光泽、保持持久、增加色彩、类似玻璃镜面效果的产品，并能有效的去处 1500～2000 度砂纸或研磨剂留下的痕迹。快速有效的去除网纹、细微划痕及氧化。本品不含蜡和硅成分，符合 VOC 标准。适用于机械操作。

图 3-19　PRO 专业网纹去除釉 P-21

6. PRO 专业增艳保护釉 P-31

PRO 专业增艳保护釉 P-31(见图 3-20)，含有氨基酸的功能性有机硅和巴西棕榈蜡成分，可起到密封漆面，增加漆面色彩、透明度的效果，清除漆面细微划痕、氧化、网纹，是黑色、红色、蓝色漆面的理想用品，并可使完成施工的漆面保持时间更长久。符合 VOC 标准。机械、手工均可操作。

图 3-20　PRO 专业增艳保护釉 P-31

7. PRO 专业光泽釉 P-34

PRO 专业光泽釉 P-34（见图 3-21）呈奶油状，可快捷去除细微划痕、氧化，含有天然油脂，可恢复漆面的光泽和色彩深度，含有的高聚物可对漆面进行持久的保护。符合 VOC 标准。机械、手工均可操作。

图 3-21　PRO 专业光泽釉 P-34

8. PRO 专业高聚合物二代密封剂 P-39-Q

PRO 专业高聚合物二代密封剂 P-39-Q（见图 3-22）为高质量的漆面密封剂，可给漆面一个持久、高光泽的效果。独特氨基功能的聚合物可有效抵抗紫外线、盐腐性、空气氧化、雪水、冰雨、昆虫、路膜、粗糙清洗剂和环境污染等带来的漆面过度褪色、变色、氧化。此产品保持时间可达一年之久。本品不含蜡，符合 VOC 标准。机械、手工均可操作。

图 3-22　PRO 高聚合物二代密封剂 P-39-Q

四、车身漆面还原修复护理操作规程

1. 车身漆面氧化护理

2. 车身漆面还原修复护理前期准备工作

全车贴美纹纸，保护塑料、大灯、电镀件等，用大毛巾遮挡风挡玻璃，如图 3-23 所示（凡是与漆面连接的地方都需要封边），防止在下面的工序中对这些部位的车漆造成损伤。

图 3-23　全车贴美纹纸，保护车身其他部位

3. 漆面划痕氧化层深层去除处理

使用 PRO 划痕修复剂 P-15、美英等。工具包括黄色粗盘等。漆面划痕氧化层深去除操作如图 3-24 所示。这一步是为了将漆面多有的划痕、氧化物研磨均匀，以便下一步的修复。

图 3-24　抛光机配黄色抛光盘做粗切研磨

4. 漆面旋纹去除处理

使用 PRO 划痕抛光剂 P-11、美英等。工具：绿色、蓝色抛光盘。

色盘抛完后，整个漆面划痕粗细均匀，就可以使用 PRO 划痕抛光剂 P-11 配合中细盘进行修复，抛光机转速一般在 1500 转左右。漆面旋纹去除操作如图 3-25 所示。

图 3-25　抛光机配绿色抛光盘做中细切研磨

【拓展知识】

抛光根据划痕的深浅、漆面的情况选用不同粗细的研磨盘。较粗的研磨盘能轻易地把较深的划痕变成细小划痕；细的研磨盘能把细小的划痕修复。选错了研磨盘就不可能做出效果，甚至会起到相反的作用。

5. 漆面还原新车本色处理

使用 PRO 增艳保护釉 P-31、美英等。工具：白色细抛光盘。操作和去旋纹的步骤相同，如图 3-26 所示唯一不同的是抛光机转速在 800～1000 最佳，越慢越好。

图 3-26　抛光机配白色抛光盘做细切抛光研磨

6. 全车漆面清洁遗留物

使用抛光机配合白盘加水收蜡。

去残蜡是使用白盘加上水，用抛光的方式进行去蜡，专业叫收蜡。收蜡时抛光机移动要匀速、统一方向研磨，如图 3-27 所示。如不按操作去收蜡，是无法把蜡收干净的。

图 3-27　抛光机配白色抛光盘收蜡

7．漆面镜面处理（PRO 樱桃蜡 P—36、3M 等）

收蜡完了之后漆面已经出现镜面效果，不过这时的漆面也是没有一点保护的，最容易被破坏，所以需要打一层蜡上去，如图 3-28 所示，保持镜面的持久性。

图 3-28　漆面镜面处理操作

8．全车漆面清洁遗留物

用毛巾擦拭车身，清除表面遗留物，如图 3-29 所示。

图 3-29　全车漆面清洁遗留物操作

9．全车漆面全面检查，清理，交车

用手电筒照射车身漆面，仔细查看车漆有无明显的划痕、炫纹、网纹等，如图 3-30 所示。

图 3-30　全车漆面全面检查操作

10．收拾工具，打扫现场卫生

清洁场地，整理工具并放在规定位置，如图 3-31 所示。

图 3-31　收拾工具

【拓展知识】

在抛光过程有可能会遇到一些较深的划痕，在用最粗的研磨盘加上最粗的研磨剂也无法修复的时候，可以通过使用研磨砂纸来进行初步修复。研磨砂纸一般只能使用 2000～3000 密度的美容专业砂纸。

【趣味知识】夏日汽车防晒 6 招

1．封釉、镀晶。封釉镀晶就好比给汽车擦上"防晒霜"，因为它们本身就是一种内含紫外线反射剂的高分子机构漆面护理剂和含有特殊成分的固化剂，给汽车做封釉、镀晶，通过对汽车漆面的渗透从而达到耐高温的效果。

2．打蜡。给汽车漆面打蜡，能在一定效果上防晒。

3．使用汽车防晒专用套。这个就好比给爱车穿上一件防晒衣，使用起来可能会比较麻烦，也没有那么美观，但是防晒效果相当不错。

4. 最好将车停在车库。没有车库的就尽量挑有遮蔽的地方，尽量减少热量辐射。

5. 停车时，车内放置遮阳挡成本比较低，也能在一定程度降低车内温度，更能有效防止仪表盘被太阳暴晒后老化情况。

6. 在车内配置凉垫。

 # 漆面封釉、增光、增亮硬化漆护理

知识要点

了解漆面封釉、增光、增亮硬化漆护理的作用。

了解漆面封釉、增光、增亮硬化漆的流程。

技能要点

掌握漆面封釉、增光、增亮硬化漆的设备、产品的使用方法。

掌握漆面封釉、增光、增亮硬化漆的基本流程和技能。

一、车身漆面封釉、增光、增亮硬化漆护理作用

车身漆面封釉的釉是高分子聚合物和特殊溶剂组成的车漆密封上光剂，能渗入车漆毛细孔，和车漆中的分子融合成一层持久的如同陶瓷釉层的光亮保护层，能阻隔紫外线对烤漆的伤害，又可以保护汽车漆面不受沙尘、盐分、空气中工业污染物、酸雨、清洗剂、鸟粪等有害物的侵蚀。使车漆呈现完美的晶亮光泽。

车身漆面封釉又称为镜面釉镀膜，它是通过专用的振抛机将类似釉的保护剂压入车漆内部形成网状的牢固保护层，即经过多道工序处理以后，在车漆表面形成一层坚韧且有一定厚度的光亮保护膜，这层保护膜具有耐清洗、防酸雨、抗氧化、防紫外线和抵御高温等作用，并且有抵御硬物轻度刮伤、不怕火、不怕油污、耐酸碱、让漆面持久光亮如新等功能。

新车进行封釉美容可以延长漆面的使用寿命，减缓褪色；旧车封釉护理可使氧化褪色的车漆还原增艳，有翻新的效果。封釉使用的护理用品为超豪华纯釉。

经过封釉处理后的车辆，可达如下效果。

（1）光亮程度可达镜面光泽的 95% 以上，晶莹丝滑，光彩照人。

（2）釉质渗透车表，硬质的透明保护层可防止行车时的风沙天气、泥沙飞溅等因素对车表的损害，抗老化、防氧化、防静电，不易粘尘。

（3）抗紫外线，可过滤紫外线 97%以上。

（4）抗盐分、酸雨腐蚀。

（5）具有持久性，高光泽度、亮丽度可保持长达一年左右。

（6）绿色环保，对人体无害。

封釉、增光、增亮硬化漆护理是汽车美容漆面比较高端、价位偏高的一个美容项目。不是说它技术含量有多高，而是使用的产品都是科技含量很高的。封釉、增光、增亮硬化漆护理项目主要的技术点是漆面还原修复，它决定了封釉、增光、增亮硬化漆护理的质量。

二、封釉的流程

（1）洗车。

（2）干车。

（3）漆面氧化处理。

（4）漆面还原处理。

（5）封釉护理。

（6）收拾现场。

（7）竣工验收检查。

三、封釉所使用到的产品及设备

封釉所使用的产品和车身漆面还原修复护理的产品相同，在此不再赘述。

1．封釉机

封釉机以前后双手柄设计、电子恒定功率自锁式调速开关，软起动的保护设备，偏心器产生振动，如图 3-32 所示。通过振抛将釉的保护剂压入车漆内部形成网状的牢固保护层。

图 3-32　封釉机

2．抛光、封釉盘

（1）羊毛抛光盘。如图 3-33 所示，配合专业研磨或抛光机，将盘对称安装于研磨机或抛光机，中高转速，用于漆面研磨、抛光。

图 3-33　羊毛抛光盘

（2）凹边抛光盘耐磨型高效抛光海绵盘如图 3-34 所示，配合专业研磨或抛光机，将盘对称安装于研磨机或抛光机，中高转速，用于漆面研磨、抛光。

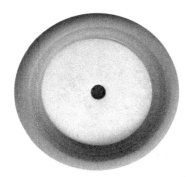

图 3-34　凹边抛光盘

3．专用毛巾

超柔纤维洗车巾采用纳米技术制造，如图 3-35 所示。适合各种车漆面、人体、宠物、家具、车内饰、真皮、橡胶、电器等擦拭。特点是不划伤被擦物，不掉毛絮；打蜡效果好；吸水性好，吸水量大；超洁净力很强的静电吸引能力，也适合擦拭汽车内饰，仪表盘等；去污力强，擦拭机油类污物后，表面不留痕迹。

图 3-35　专用毛巾

四、漆面封釉的操作规程

（1）全车普洗。

（2）全车干车。

（3）全车漆面氧化护理。

（4）全车漆面还原处理。

（5）封釉护理。

五、漆面封釉、增光、增亮硬化漆护理操作规程

根据车辆的新旧不同，分别有严格的施工程序。

对于新车，首先做全车清洗，漆面深度清洁，吹干车表残余水分，对车身进行遮蔽。用釉配合抛光机作抛光处理，恢复车表鲜艳亮丽后，开始实施上釉，静置30min后，釉质材料渗透车表，形成硬质的透明保护层，擦去多余的釉，清理车身边角和清洁全车。

对于旧车作封釉，首先做全车清洗，漆面深度清洁和需要进行前处理，漆面研磨抛光清除车表脏点、氧化膜、圈纹、细小划痕等瑕疵后，再实施封釉。

将釉质材料通过海绵涂抹在车身上，如图3-36所示，静置30min后，釉质材料渗透车表，用封釉机进行振抛涂釉，使车身油漆表面形成硬质的透明保护层。

漆面封釉时，为封釉机配置合适干净的海绵封釉盘，根据封釉剂产品要求，选择调整抛光机转速，将适量的封釉剂均匀地涂在所需的车身油漆面上，正确起动/停止封釉机，如图3-37所示。进行正确的封釉操作和封釉操作技巧，如图3-38所示。使用振抛机涂釉时注意力度和均匀性。

图3-36 封釉剂涂在车身油漆面上

图3-37 起动/停止封釉机

图3-38 用封釉机封釉的操作

做完漆面还原处理后使用封釉机，合 P-39-Q（聚高二代密封剂）进行封釉，手法与机器打蜡一样。全车封釉后，15min 进行全车擦拭（使用专用毛巾），如图 3-39 所示。

图 3-39　用干净毛巾将釉层擦干净

【趣味知识】镀晶

镀晶可以说是现阶段汽车美容行业内最高端、同时也是最昂贵的美容项目，其施工要求可以非常高，如图 3-40 所示。

镀晶原理：镀晶是在全车还原修复并脱脂后使用高科技产品涂抹在车漆表面，使其在车漆上自然形成一层铠甲般的晶体，阻隔车漆与空气接触，能最有效地保护车漆，提高车漆的硬度最高能到 9H（玻璃的硬度），提高车漆抗划痕的能力。

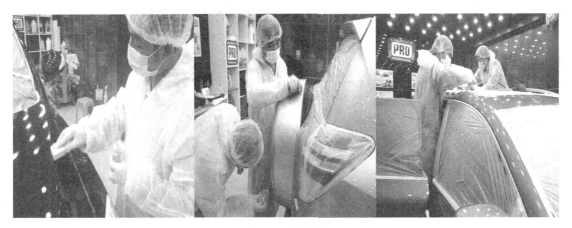

图 3-40　镀晶过程

镀晶要想达到效果，需要的要求极高，如全封闭的施工车间，在这其间施工人员是禁止出入的；施工人员全身穿戴防化服，防止头发掉落到漆面；戴手套，防止指纹和油垢产生；施工车间要达到一定的温度，并保持不变等。

项目四 4 发动机清洗护理

知识要点

了解发动机清洗护理的作用。

了解发动机清洗护理的流程。

技能要点

掌握发动机清洗护理的设备、工具和用品的使用方法。

掌握发动机清洗护理的基本技能。

一、发动机清洗护理的作用

发动机清理对每辆车来说都是首要考虑的问题，发动机是汽车最核心的部位。尘土、积炭和胶质等有害物质转化成油泥，渗透到发动机外表，不只使金属部件生锈、塑料部件老化变形，还会导致发动机功率下降和油耗增加，甚至因发生各种氧化而损坏发动机。

作为汽车的心脏，发动机除了维修及传统保养外，还需对发动机外部进行清洗。

二、发动机清洗护理工作流程

发动机清洗护理流程为发动机表面除尘，发动机外表冲洗，发动机上盖及边缘除污处理，发动机表层除泥沙、油污、氧化物处理，发动机外部、水箱、驾驶室前壁、水管等深层清洁，低压清水去除发动机药剂残留物，发动机机舱上光、防老化处理。

三、发动机清洗护理设备和用具

发动机清洗护理用到的设备和用具有多功能清洗枪、吸尘枪、龙卷风清洁枪、专用长毛刷、专用大小毛刷、毛巾、上光枪、PRO 专业无腐蚀发动机清洗剂 C-55、PRO 环保型上光保护型 S-92、发动机清洗液、表板蜡等。

1. 多功能清洗枪

多功能清洗枪是专业清洗发动机的工具，如图 4-1 所示。该枪配有 2 根管，一根出材料，一根接气。通过气流带动材料通过旋转气体进行清洗。

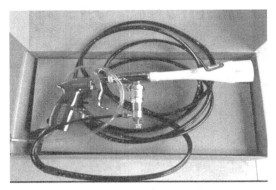

图 4-1　多功能清洗枪

2．PRO 专业无腐蚀发动机清洗剂 C-55

PRO 专业无腐蚀发动机清洗剂 C-55 如图 4-2 所示，具有无腐蚀性，在清洗发动机的同时不会对发动机的各敏感部位产生破坏。本品可快速去除发动机外部的油污、油垢、尘垢，不易燃，并可生物分解。稀释比例为 2∶1。符合 VOC 标准。包装为 1 加仑装。

图 4-2　PRO 专业无腐蚀发动机清洗剂 C-55

四、发动机清洗护理操作规程

1．发动机表面除尘

打开发动机，先用吹尘枪把发动机表面灰尘吹掉，接着把发动机里面的电脑主板、线路突出处用塑料膜包裹，再用毛巾在外层再包裹一层避免进水。

2．发动机表面清洗

使用（如 C-55 无腐蚀发动机清洗剂、发动机清洗液等）配合喷雾瓶先对发动机外表全部喷洒一遍，稍等 5min 后再拿高压水枪冲洗一遍（在冲洗时必须注意避免对空调进气口、火花塞、马达电机、电瓶接口等直接冲洗）。

　　发动机清洁护理为汽车美容行业的最危险项目，原因就是清洁的过程需要用到水、清洁产品等容易使发动机的电脑主板、线路、电机等电子元件损坏。所以在不熟悉发动机构造的情况下进行发动机清洁护理需维修部门的技术人员全程跟进。

【拓展知识】

重要部件的保护方式。用防水塑胶布进行最里层的保护，之后用毛巾再次保护，如图 4-3 所示。

图 4-3　用防水塑胶布和毛巾防护

3．发动机上盖及边缘除污处理

使用 PRO 环保型发动机清洗剂 C-55、发动机清洗液等。工具：吹尘枪、龙卷风清洁枪。

4．发动机表层除泥沙、油污、氧化物处理

使用 PRO 环保型发动机清洗剂 C-55、发动机清洗液等。工具：专用长毛刷、专用大小毛刷、发动机清洗枪。

5．发动机外部、水箱、驾驶室前壁、水管等深层清洁

使用 PRO 环保型发动机清洗剂 C-55、发动机清洗液等。工具：发动机清洗枪、毛巾、专用大小毛刷。

6．去除发动机药剂残留物

低压清水去除发动机药剂残留物。

7．发动机机舱上光、防老化处理

使用 PRO 环保型上光保护剂 S-92、表板蜡等。工具：毛巾、上光枪。发动机机舱上光、防老化操作如图 4-4 所示。

图 4-4　发动机机舱上光、防老化处理

8．全车检查，清理，交车

对全车进行检查。

9．收拾工具，打扫现场卫生

清洁场地，整理工具并放在规定位置。

【趣味知识】汽车遭遇暴雨后的处理

每遇到暴雨或者大雾，不少驾驶者都会自觉打开双闪灯，其实，此时最应打开的是雾灯，而非双闪灯。因为雾灯本身在设计时就不是用来照明的，它的光束发散，所以看起来很亮却不会晃眼，如果遇到雨非常大、能见度非常低的情况，还要开启后雾灯。另外，当双闪灯打开时，转向灯的功能随之失效（部分高端车例外），后方车辆就无法判断你的转向意图。同时在暴雨环境下行车尽量避免急刹车，因为暴雨环境下急刹车，刹车碟和刹车片之间的水会形成水膜现象，容易产生制动打滑和左右两边制动不平衡的现象。如急需减速可以松加速踏板和适当的减挡控速，之后再缓缓地踩刹车踏板。

项目五 5 汽车装饰保护

单元一 贴防爆膜

知识要点
- 了解汽车车窗贴防爆膜的作用。
- 了解汽车车窗贴防爆膜的流程。

技能要点
- 掌握汽车车窗贴防爆膜的设备、用具和用品的使用方法。
- 掌握汽车车窗贴防爆膜的基本技能。

一、汽车车窗贴防爆膜的作用

汽车车窗所贴的防爆膜由聚酯基片、胶、内衬构成。聚酯基片的特点是耐久、坚韧、柔软、晶莹剔透，并能吸收少量的湿气，能同时耐高温和低温。防爆膜有以下 3 个基本的特征：阳光热控制、紫外线控制、玻璃破碎保护。

1. 隔热降温

汽车车窗贴防爆膜后，能有效隔热、隔断眩光，使整个汽车内部空间变得舒适宜人。没有贴膜时，靠近玻璃窗的区域通常明亮刺眼且非常热，而温度控制能够降低空调消耗并延长制冷系统的寿命。

2. 降低车饰龟裂和褪色

透过玻璃窗的阳光会使车内的饰件产生褪色和伤害。防爆膜能够提供紫外线伤害保护、隔热、过滤掉可见光，使汽车室内舒适，并防止乘员受到紫外线的伤害。

3．控制眩光

防爆膜可以减少 20%～80%的眩光，同时还能保持较清晰的视野。因为，眩光不仅仅是一件令人苦恼的事，而且还会伤害眼睛，使人感到不舒服或慵懒。

4．高舒适度并节能

防爆膜能够使得汽车车室内温度均衡，消除遮蔽、暴晒区域的冷热，并将温度波动降到最小。

5．安全

当意外发生时，玻璃会变成给人造成伤害的材料。一些自然灾害如飓风、地震等，会增大伤害的可能性；故意的破坏和敌对行为也时有发生。在这些事件中，破碎的玻璃和飞溅的碎片会引起破坏和伤害。而防爆膜在玻璃破碎时可以提供有效的保护，能够粘住玻璃，防止飞溅的玻璃碎片伤害人或损害物品。特殊的强生安全膜还能防盗窃、地震、飓风并阻挡枪击。

二、汽车车窗贴防爆膜的工作流程

1．汽车车窗贴防爆膜工作环境要求

（1）贴膜的室内环境要求。贴膜要在室内进行，贴膜过程必须有一个干净的工作区，无尘土和污垢，污垢必须全过程控制。

（2）贴膜工作区的墙壁和地板要求。对于贴膜来说，浅色或白色的墙面将是首选，墙壁颜色越浅，能反射越多的光，更便于观察并贴膜。

此外，必须保持地板尽可能地干净，这将降低灰尘和空气带来的污染。通过保持地板的干净，同样会降低从客户汽车上带来污垢、油脂和油等危险。另一个要考虑的是地面防滑。由于在贴膜过程中使用水或水溶液，地板可能是湿的，防滑地面增加安全，以防止在湿滑的地板上摔倒。

（3）贴膜时的照明要求。照明良好的顶灯对于汽车玻璃贴膜来说是必需的。贴膜时需要将车窗彻底清洗干净并精确地裁膜，好的顶灯能提供必要的光线。在深色玻璃上，裁膜和裁切深色汽车玻璃贴膜时，离地面 1.2～2.4m 附加的侧灯能够提供必要的光线。除了顶灯和侧灯，还应该提供一个或多个便携式工作灯以帮助观察和裁切膜片。

2．汽车车窗贴防爆膜的工作流程

目前市场上的防爆膜有多种品牌。不同品牌的防爆膜的贴膜工作流程各不相同。

如美国 Johnson（强生）汽车贴膜施工流程如下。

（1）产品选择。

（2）车辆清洗、检查。

（3）开料（裁膜）。

（4）内外保护，清洗玻璃外侧。

（5）膜定型，修边。

（6）清洗玻璃内侧。

（7）上膜。

（8）检查，整理。

（9）竣工验收交车。

三、防爆膜的基本类型及常用的贴膜设备和用具

1. 防爆膜的基本类型

按颜色有自然色、茶色、黑色、天蓝色、金墨色、浅绿色和变色等品种；按产地不同可分为进口和国产；按等级不同可分为普通膜、防晒防爆膜和防爆隔热膜等。

汽车用防爆膜的基本类型如下。

（1）透明膜。大部分的透明膜都是安全膜，这类膜具有安全保护和紫外线控制功能，但因不含金属所以没有反射性能。

（2）染色膜。这类膜不含金属所以不反光，具有控制眩光和褪色的功能，通过吸收来隔热。这类膜有很多的颜色，是通过将染色聚酯挤压到无色透明聚酯片上，或者将颜色混在夹层胶或装贴胶里得到的，最常见的方法是在膜上染色。由于这类膜不含金属，其隔热性能主要是通过吸收来完成，效率比反射膜低。染色玻璃贴膜是玻璃贴膜生产的初级产品，强生公司早已停止生产这类产品（被认为是"工业垃圾"）。

（3）真空镀膜（反光）。真空镀膜就是在真空室中，采用将金属沉积到聚酯基片上的方法生产的玻璃贴膜，由于能大量反射太阳辐射，所以具有极强的阳光控制性能。传统上它们被分为反射或真空镀膜，也有新的含有金属和金属氧化物的膜，它们看上去"不反光"。

（4）磁控溅射。磁控溅射工艺是目前最先进的玻璃贴膜生产工艺，世界上只有少数玻璃贴膜生产商掌握了这种生产技术。玻璃贴膜都是采用磁控溅射工艺生产的，并且具有"光谱选择性"，也就是只允许某些波长的光线透过。

2. 常用的贴膜设备和用具

常用的贴膜设备和用具如图 5-1 所示。

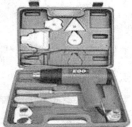

图 5-1　常用的贴膜设备和用具

（1）小黄刮板。小黄刮板如图 5-2（a）所示，用于清洗玻璃内侧和贴膜。

（2）大黄刮板。大黄刮板如图 5-2（b）所示，用于刮除残留在膜内的水溶液。

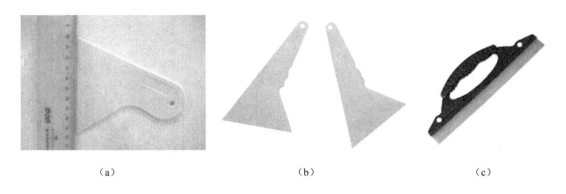

（a）　　　　　　　　　　　　（b）　　　　　　　　　　　　（c）

图 5-2　各种软、硬刮水板

（3）黑手柄刮板。黑手柄刮板如图 5-2（c）所示，其用法与上面（聚乙烯刮板）类似，但手柄起杠杆作用可以刮除更多的水。

（4）白卡硬塑料制多用途刮板，用于刮除膜片和玻璃间的贴膜溶液。

（5）小刮刀刀架夹住标准刀片。在狭窄的地方使用。

（6）小刮刀刀片。不锈钢刀片，以降低刮伤玻璃的风险。

（7）修整棒。修整棒用于处理非常硬且紧的车窗橡胶密封条。

（8）擦洗用尼龙丝或 0000# 钢丝纤维。擦洗用尼龙丝或 0000# 钢丝纤维用于清洁玻璃。

（9）工具围裙。工具围裙在贴膜时用于装个人使用的工具。

（10）喷壶或充气喷壶，用于清洗玻璃和贴膜时喷洒贴膜溶液。

（11）热风筒。热风筒也称烤枪，如图 5-3 所示，用于玻璃贴膜的热成型和收缩，消除"指状凸起"和折痕。热风筒性能要求具有热停止、降温设置、平稳位置、自动温度控制功能。

热停止：如果热风枪与工件距离太近，智能感应器就会自动切断热空气。但气流继续吹以便冷却工件。

降温设置：快速冷却，用于安全低温处理热敏感材料。

平稳位置：扁平的底座使热风枪能够平稳地垂直放置，然后，可以安全地使用双手来弯曲管道或软管。

自动温度控制：工作时按下按钮预选合适的温度，自动电子控制会保持温度。

图 5-3　热风筒

（12）无纺毛布。无纺毛布如图 5-4 所示，用于玻璃窗的清洁和吸收多余的水分。要求吸水性较好并且不会掉毛。

（13）裁膜刀。裁膜刀用于裁膜，同时也用来修整玻璃窗的橡胶密封条。

（14）直尺。直尺是在防爆膜的施工过程中用来对车窗尺寸和防爆膜裁剪用的。

（15）各种标准工具。用于拆掉后制动灯（标准的螺丝刀）、后座、车门板和公制插座等。

图 5-4　无纺毛巾

（16）贴膜用水。贴膜用水为表面活性剂（肥皂或清洁剂），用于清洁、贴膜和清洗。如玻璃清洗剂如图 5-5 所示，用于隔热膜施工过程中玻璃表面的清洁，以及撕除原有隔热膜之后清除玻璃上面的残胶等。将玻璃清洗剂和水按一定比例稀释，使时用喷水壶喷洗。

图 5-5　玻璃清洗剂

（17）工作台。最常用的工作台是用玻璃制作的。玻璃片可以水平放置或斜放，有可移动的支架，或者固定在墙上。建议工作台玻璃板应斜放，有一定角度为好。

四、汽车车窗贴防爆膜操作规程

1．防爆膜的鉴别

防爆膜质量和性能的鉴别可以用肉眼观看法、手触摸法和实验法等方法。

（1）肉眼观看法。通过肉眼观察防爆膜的透视性和清晰度。优质防爆膜不管颜色深浅，其透视性和清晰度均良好。而劣质防爆膜由于采用黏胶看色法，靠颜色隔热，所以看起来有雾蒙蒙的感觉。不论防爆膜颜色的深浅，优质膜在夜间的清晰度应在 6m 以上。

（2）手触摸法。防爆膜采用的材料很脆且比较薄。优质防爆膜摸上去感觉厚实、平滑、韧性较好。而劣质膜手感薄而脆，容易起皱。

（3）实验法。撕开衬贴，用酒精擦拭胶面，如掉落严重，则为劣质防爆膜。反之则是优质防爆膜。

（4）气泡鉴别法。当撕开防爆膜的塑料内衬后，再重新复合时，劣质膜会起泡，而优质膜复合完好如初。

（5）隔热性的鉴别。在一个碘钨灯上，放一块贴着防爆膜的玻璃，把一只手放到玻璃另一面，手感觉不到热的是优质膜。而立即有烫手感觉的就是劣质膜。

另外，也可用专业的仪器，通过测试防爆膜热率的方法来鉴别它的优劣。

2．贴膜前的准备工作操作规程

（1）将车推进工作间，打开车门，根据车内的温度，使汽车冷或热。

（2）在座椅上放置罩布以保护地毯和装饰品，以及后部盖板和音箱盖。

（3）清除、检查，或找出障碍或困难区域。

① 注意附加或第三制动灯。有时候可以让膜片绕开或先拆掉第三制动灯，贴膜完成后，再装回制动灯。

② 内置天线用双面胶粘着。如果天线被固定在玻璃上，可以取下来，贴膜完成后，再将天线回装。

③ 除雾线。如果后风挡有除雾线，在清洁和贴膜时就必须十分小心。

注意　某些类型的除雾线仅仅是金属涂料。如果不够小心，刀片刮蹭有可能导致除雾线的故障。

④ 后部盖板。可能影响玻璃最底部的贴膜，也可能含有大量的灰尘或污垢，贴膜时要注意。

3．开料（裁膜）操作规程

（1）用直尺测量需贴膜玻璃的尺寸，其中包括长度和宽度如图 5-6 所示。测量尺寸过程中应该按照与玻璃外侧对齐的情况来取值,同时要注意尺子应该保证与玻璃的弯曲弧度一致,避免最终裁剪的防爆膜尺寸不够的情况出现。

（2）从膜卷上并且将其按照已经测量好的风挡玻璃的尺寸进行裁剪。

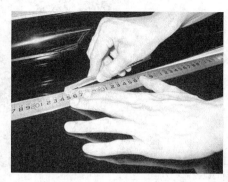

图 5-6　用直尺测量前后风挡玻璃的尺寸

（3）先裁前挡膜,前挡膜高度在 76cm 以上建议横裁,用干烤法定型;在 77cm 以下建议直裁,这样比较省料。

（4）再裁后挡膜,一般用直裁的方式。

（5）最后裁侧窗,侧门窗顶部裁膜尺寸要大于原车窗玻璃边缘尺寸 5cm,左右两边要大于原车玻璃边缘尺寸 0.25cm。底部在上膜时预留 1～1.5cm 的余量。裁侧窗膜,不分方向。

4．内外保护,清洗玻璃外侧操作规程

（1）将毛巾铺设在内饰上如图 5-7 所示,避免施工中损伤车身漆面,方便摆放工具。

图 5-7　将毛巾铺设在内饰上

（2）车门内侧贴上保护膜,在座椅上套上胶袋护套。

（3）用至少 2cm 宽的美纹纸贴住门窗密封槽边上的内毡毛。

（4）清洗玻璃外侧,如图 5-8 所示。

图 5-8　清洗玻璃外侧

5. 定型，修边

（1）侧窗。除个别车款，侧窗太阳膜基本上不需要加热预定型，可直接覆在外侧玻璃上压刮定型，利用原玻璃顶部边缘作实际尺寸裁切太阳膜，修边准确，将膜要贴合玻璃底部的尺寸加 1cm，然后往下移动太阳膜，使最上部膜边与玻璃顶部边缘留空 0.2～0.3cm，如图 5-9 和图 5-10 所示。

图 5-9　可直接覆在外侧玻璃上

（2）前后挡。利用前（后）挡风玻璃的外侧曲面为模型进行预定型，将覆盖有保护膜的一面向外铺在玻璃上，在离原车玻璃网点外边缘 2cm 处用剪刀剪去多余的边膜。

（3）用烤枪加热膜使之定型。防爆膜的形状与挡风玻璃的弧度基本上已经吻合了，但是为了进一步提高防爆膜的伏贴性，还需要对防爆膜进行伏贴性整形。

目前烤膜的基本方法有两种：湿烤和干烤。

湿烤方法是常用的烤膜方法。一般地，在玻璃上喷上贴膜溶液，将玻璃贴膜覆盖到球面玻璃上。用烤枪对多余的膜或指状凸起收缩的伏贴性整形，如图 5-11 所示。

图 5-10　对膜进行压刮定型

图 5-11　用烤枪加热膜使之定型

干烤方法是在球面玻璃上贴膜的最新方法。在贴膜行业，通常被认为是最高级的贴膜方法，适合现代球面汽车玻璃。干烤是将婴儿粉撒在膜和玻璃之间代替贴膜溶液。避免了湿烤时水形成的指状凸起。膜浮在婴儿粉上以防膜的防划伤层粘贴到玻璃表面上。这将允许贴膜人员在膜的整个区域加热成型而不仅仅是指状凸起。这将在宽度甚至整个区域分散收缩的影响，同时对于膜及胶施加更少的压力。

（4）膜经过加热定型后，按玻璃内侧贴膜的最大尺寸进行精确裁切。进行精确裁切时，需要透光灯对准防爆膜切割的边缘，在选择防爆膜的切割位置时，应该保证切割后的防爆膜与窗框之间存在 3mm 的间隙。具体操作时可以沿着玻璃外侧的第二圈黑点进行切割，如图5-12 所示。这样既可以保证留有足够的间隙同时还可以增加美观性。留出间隙的目的是便于挤出防爆膜与玻璃之间的安装液；减少防爆膜边缘出现尘点的现象；减少防爆膜边缘出现腐蚀、损坏的可能性。

图 5-12　按玻璃内侧贴膜的最大尺寸进行精确裁切

遇到挡风玻璃内侧面贴附有内后视镜之类的固定物时，还要开出对应孔位和接缝，便于贴膜时不用拆卸该固定物。接缝在孔位最大沿居中位置到膜边以直线裁切。

将修好边的膜小心地卷成筒状取下，用清水冲洗干净，移送到车厢内，注意保持清洁。

6．清洗玻璃内侧

挡风玻璃的内侧面为真正的贴膜面，清洁一定要彻底，应按下列要求反复清洁。

（1）向车窗密封槽内喷洒适量的贴膜溶液，如图 5-13 所示，用直柄塑料刮板直接清理内槽（注意：刮板要包覆一层无纺布或擦蜡纸，一个方向不要来回擦拭，以免砂粒污垢黏附于擦蜡纸后又被带回槽内，每刮一次要变换擦蜡纸的清洁面）。

图 5-13　向车窗内侧喷洒适量的贴膜溶液

（2）在仪表台上铺垫一条干燥的大毛巾，防止清洁玻璃时水滴流入仪表板内。

（3）对车厢内部空间喷洒细微的水雾，使空气中的尘埃沉聚下来，减少座椅和地板扬尘。

（4）在玻璃上喷洒贴膜溶液，然后用手摸检查和剔除稍大的尘粒，对于黏附得较牢的污垢和撕下的贴物残胶可用钢片刮刀去除。

（5）用硬质的直柄塑料刮板自上而下，由中间向两边清除玻璃上的灰尘，每刮扫一次必须用干净的擦蜡纸去除刮板上的污物。整幅玻璃每刮扫一遍，要用贴膜溶液喷洒一次，最后用刮板刮除积水，确认玻璃已十分光滑干净时才可转入贴膜。

7．上膜

（1）先撕掉已预定型的膜上的保护膜，在其涂胶面喷洒贴膜溶液，再对整幅玻璃喷洒贴膜溶液后将膜粘贴在玻璃上，如图 5-14 和图 5-15 所示。

图 5-14　将膜粘贴在玻璃上

（2）一般上膜多数采用由上至下贴法，优点是能有效避免砂粒粘到膜上。由玻璃顶部开始撕开膜上端一部分，保护膜慢慢往下刮压，一边撕除保护膜一边向下移动刮压，至玻璃底部。将铁片薄板插入密封胶边缘与玻璃隔开，先把膜的两个边角嵌入，移动铁板便能将膜与玻璃底部贴合到位，如图 5-14 所示。

（3）在膜的中间位置赶水，使用中号直柄塑料挤刮水分，赶刮时一只手按扶住外侧玻璃，使内侧赶水时的力度分散均匀，同时避免玻璃受刮板压力而摆动，将撕下的保护膜覆盖在膜面上，如图 5-16 所示。刮板刮贴在保护膜上避免将膜面刮伤，赶水时刮板不能用太大力，动作应缓慢柔和，小心不要将膜折损。

图 5-15　在车窗上调整膜位置　　　　　图 5-16　使用中号直柄塑料挤刮水分

刮净贴膜溶液的最好技术是连续用力地交叠刮水，小心谨慎并连续地用力可以提高贴膜质量。

（4）检查窗膜的所有边缘，并用包覆纸巾或棉布的直板硬刮挤封，以吮吸挤出的水分。所有边缘必须挤封，以免在固化期间空气、水分、灰粒从边部渗入窗膜底下。

（5）遇到局部有不贴合的地方，可按预定型的方法，用电热吹风机加热，使膜与玻璃之间无任何气泡或皱纹。

8．检查，整理

当安装工作完成后，所有窗玻璃仔细地擦洗（内表面和外表面），去除条纹水迹和污迹，使整车有光亮的外观。查看问题区域：是否有气泡、水泡或微小的地毯纤维，若有应沿某一边缘排除。专用硬质挤水片能排除大部分问题。把汽车擦净后驶到室外，进行最后的视觉检查。

【趣味知识】

（一）玻璃贴、防爆膜的结构

玻璃贴、防爆膜的基本结构由聚酯基片、胶、内衬构成。聚酯基片的特点是耐久、坚韧、柔软、晶莹剔透，并能吸收少量的湿气，能同时耐高温和低温。

玻璃贴、防爆膜的基本结构还包括强力的紫外线吸收单元、防划伤层和磁控溅射层，如图 5-17 所示。

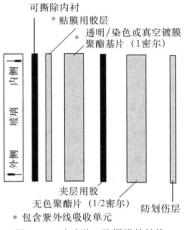

图 5-17　玻璃贴、防爆膜的结构

（二）玻璃贴、防爆膜的隔热率

玻璃贴、防爆膜的隔热率就是阻断的热量的百分比。玻璃贴、防爆膜是通过反射和吸收来隔热的。一般来说，阳光中的可见光和近红外线照射物体随时都会将能量转变为热量，并以远红外的形式再辐射出去；人造灯光和火炉等的辐射也是远红外线。隔热率是反射的热辐射和可见光与红外热被吸收后再向外侧辐射的热量的总和。这种特性为消费者带来如下基本好处：

（1）提高制冷效率；

（2）降低能源消耗，减少开支；

（3）.增加舒适性；

（4）平衡车室内的冷热。

底盘装甲

知识要点

了解汽车底盘装甲的作用。

了解汽车底盘装甲的流程。

技能要点

掌握汽车底盘装甲的设备、用具和用品的使用方法。

掌握汽车底盘装甲的基本技能。

一、汽车底盘装甲作用

夏日里地表的烘烤、酸雨的侵袭、砂石路上飞石的撞击等造成底盘伤痕累累。底盘装甲就是在汽车底盘的汽车大梁、保险杠、发动机罩等金属表面，喷涂一层 2～4mm 厚的弹性密封材料，犹如给车的底盘穿上一层铠甲。

汽车做了底盘装甲后可以达到以下作用。

（1）防护路面砂石对底盘的击打。底部养护材料的厚度可达 2～4mm，可以防护车辆在行驶中溅起的小石子对底板的击打，如图 5-18 所示。如果汽车的漆膜一旦被击破，锈蚀便从疵点开始并从铁板内部缓慢扩大。

图 5-18　底盘装甲后的状态

（2）防止轻微的拖底摩擦。底部养护材料的厚度可达 2～4mm，当底部被路面凸起刮蹭时，将减轻对底盘的伤害。

（3）预防酸、碱、盐对底盘铁板的腐蚀。底部养护材料将潮湿天气和海边天气水汽、酸雨、溶雪剂、洗车碱水起到隔绝作用。

（4）底盘防振。发动机、车轮均固定在汽车地板上，它们的振动在某一频率上会与底板产生共振，使人产生不舒适的感觉，底部防护会消除这种共振。

（5）降低行驶时噪声的传导，增加驾驶宁静；阻止底盘铁板热传导，使驾驶室内冬暖夏凉。

（6）延长车辆的使用寿命。通常新车使用三年左右，就会发生锈蚀。保护底盘等于保护了上面的各个系统，对延长车辆的使用寿命。

二、汽车底盘装甲工作流程

汽车底盘装甲是在底盘的一些部件表面喷涂一层 2～4mm 厚的弹性密封材料。是一项要求操作规程、工作细致的汽车美容养护服务。汽车底盘装甲工作流程是由汽车底盘需要防锈的部件清洗、除锈和除油工序，拆卸和密封不需要装甲的零部件和车身油漆工序，喷涂装甲材料工序等三个工序组成。

汽车底盘装甲工作流程如下。

（1）汽车清洗、汽车底盘的彻底清洁、除锈和除油。

（2）拆除或密封不需要装甲的零部件附件。

（3）喷涂装甲材料。

（4）装回被拆卸的零部件、去除密封物和清洁。

三、汽车底盘装甲的设备和用具

1．汽车底盘装甲材料

目前，有多种多样的底盘装甲材料，主要分为底盘装甲（水性）、底盘装甲（油性）两种。都可用于底盘、轮弧、尾翼、后行李箱等部位。这些底盘装甲材料附着力强、弹性极佳，具有优良的施工性能，起到防腐蚀、防撞击、降噪声等作用。防水耐酸碱性、防止螺钉松脱、长效防锈、优越的隔音性能。抗撞击、抗老化性：固化干燥时间短、弹性、柔性、柔韧性好。

2．发动机外表清洁剂

发动机外表清洁剂如图 5-19 所示。

3．汽车底盘装甲喷枪

汽车底盘装甲喷枪（见图 5-20）的喷嘴口径在 2mm 以上的喷枪，用于汽车底盘装甲喷涂。

图 5-19　汽车底盘装甲材料

图 5-20　汽车底盘装甲喷枪

4．排刷

排刷用于涂刷不宜喷涂部位。

5．底盘清洗必需的清洁工具

这些工具包括毛巾、钢丝刷、高压水壶、120#水砂纸、铁铲刀、吹气枪、除油剂等。

6．举升机

举升机用于举升汽车。

7．0.4MPa 压力以上的气源

如空气压缩机，用于汽车底盘装甲喷涂。

8．报纸、纸胶带

报纸、纸胶带用于遮盖不施工部位。

9．施工人员防护用品

施工人员防护用品包括套、防护帽、防护镜、防护口罩等。

四、汽车底盘装甲操作规程

1．汽车底盘的清洗

汽车底盘的清洗操作方法如图 5-21 所示。

图 5-21　汽车底盘的清洗操作

2．汽车底盘的二次清洁、除锈和除油操作规程

（1）使用发动机外表清洁剂 专门用来清除底盘部件外壳，如图 5-22 所示。

（2）使用刷子清洗底盘部件外壳，如图 5-23 所示。

（3）使用毛巾清洗底盘部件外壳，如图 5-24 所示。

图 5-22　使用发动机外表清洁剂清洗底盘　　　　　图 5-23　使用刷子清洗底盘

图 5-24　使用毛巾清洗底盘

3．拆除或密封不需要装甲的零部件附件操作规程

（1）使用报纸密封不需要装甲的零部件附件，如图 5-25 和图 5-26 所示。

（2）拆卸车轮等部件，如图 5-27 所示。

图 5-25　密封不需要装甲的零部件附件

图 5-26　密封不需要装甲的零部件附件

图 5-27　拆卸车轮等部件

4．喷涂底盘装甲材料操作规程

使用喷枪喷涂底盘装甲材料，如图 5-28 所示。喷涂完成后的效果如图 5-29 所示。最后要清洁喷涂底盘装甲材料时被弄脏的车身，如图 5-30 所示。

图 5-28　底盘装甲材料

图 5-29　底盘装甲喷涂完毕　　　　　图 5-30　喷涂底盘装甲完毕后的车身清洁

5．装回被拆卸的零部件、去除密封物和清洁。

单元三　安全防盗器

知识要点

了解汽车安全防盗器的作用。

了解汽车安全防盗器的流程。

技能要点

掌握汽车安全防盗器的设备、用具和用品的使用方法。

掌握汽车安全防盗器安装与调试的基本技能。

一、安全防盗器的作用

汽车防盗器是一种安装在车上用来增加盗车难度，延长盗车时间，发送盗车报警等功能，以防止汽车被盗的装置。随着科学技术的进步，为应对不断升级的盗车手段，人们不断研制出各种方式、不同结构的防盗器。

目前防盗器按其结构可分三大类：机械式、电子式和网络式。

1．机械式防盗器

机械式防盗器是采用金属材料制作的各种防盗锁具对汽车的行车操纵机构加锁，如转向柱锁、转向盘锁（见图5-31）、变速杆锁、踏板锁、车轮锁（见图5-32）。通过这些防盗锁具锁住汽车的操纵部件或车轮，使窃贼无法将汽车开走。机械式防盗器只防盗不报警。

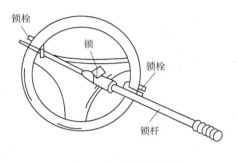 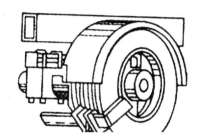

图 5-31　机械式转向盘锁　　　　　　图 5-32　机械式车轮锁

2．电子式防盗器

电子式防盗器是单向防盗器，它是通过电子设备控制汽车的起动、点火等电路，当整个系统开启之后，如果非法移动汽车、开启车门、油箱门、发动机盖、后备箱盖、接通点火线路时防盗器立刻发出警报，同时切断起动电路、点火电路、喷油电路、供油电路，甚至是自动变速器电路，使汽车无法行驶。电子式防盗器具有防盗和声音报警功能。

电子式汽车防盗装置按驾驶员控制方式分有钥匙控制式和遥控式两种。钥匙控制式防盗装置通过用钥匙将门锁（或点火锁）打开或锁止，同时将防盗系统设置或解除；遥控式防盗装置能够远距离控制门锁打开或锁止，也就是远距离控制汽车防盗系统的防盗或解除。

3．网络式防盗器

网络防盗器是双向防盗器。在网络区域内，入网的车辆与网络中心之间保持着联系，车辆若发生警情便能够得到现场救援，具有定位、跟踪功能，不仅救援及时，还能对车辆准确地实施追堵。另外，这种防盗系统还具有阻断油路和电路、熄火停车等防盗防劫的功能。

如 GPS 卫星定位汽车防盗系统属于网络式防盗器，它主要是靠锁定点火或起动系统来达到防盗的目的，而同时还可通过 GPS 卫星定位系统（或其他网络系统），将报警信息和报警车辆所在位置传送到报警中心。

本书以国内驰名品牌铁将军 6885 型汽车防盗器为例介绍其功能。

（1）声光防盗状态。通过设定自动进入声光防盗状态。

（2）静音防盗警戒状态。通过静音键自动进入静音防盗警戒状态。

（3）触发报警。

① 在声光警戒中，受到振动触发，方向灯短闪，喇叭同步报警，发动机断电止动。

② 在静音警戒中，受到振动触发，方向灯短闪，喇叭不报警，发动机断电止动。

开关触发时，无论在任何警戒状态，方向灯闪亮，喇叭同步报警，同时发动机断电止动。

（4）警戒解除和自动回复。通过解除键，车门开锁，方向灯闪两下，喇叭发出"BiBi"两声提示，LED 停止闪烁，解除防盗警戒。若解除防盗警戒后，25s 内车门未打开或未被振动触发，防盗系统视作误解除，会自动回复到原防盗警戒状态。

（5）遥控开启行李箱。通过行李箱专用按键，遥控开启行李箱。遥控开启行李箱后，振动的检测将暂时停止，4min 后如果行李箱没有关闭，系统将忽略行李箱检测，并自动恢复振动传感器功能。

（6）寻车。在防盗警戒中，通过寻车键，喇叭鸣叫，方向灯同步闪烁，告知车辆所在位置。

二、电子式防盗器的安装与调试工做流程

目前电子式防盗器的型号品种很多。本书以国内驰名品牌铁将军 6885 型汽车防盗器（见图 5-33）为例介绍电子式防盗器的安装和调试。

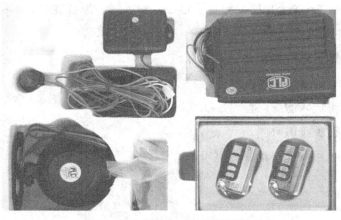

图 5-33 铁将军 6885 型汽车防盗器

电子式防盗器的安装与调试由防盗器套件安装、防盗器电路连接安装和调试三大工序。

1．防盗器套件安装

防盗器套件安装应根据防盗器套件产品安装指南和所安装防盗器车辆的具体情况来安装。

（1）防盗器主机安装。安装在仪表板下方隐蔽处。

（2）防盗器传感器安装。防盗器传感器用螺栓紧固在仪表板下方的前围板上。

（3）防盗器 LED 警示灯安装。LED 警示灯应安装在车内仪表台表面。

（4）防盗器语音喇叭安装。防盗器语音喇叭安装车内或发动机舱内，并用螺栓紧固。

（5）中控锁安装。中控锁安装在车门锁处。

2．防盗器电路安装调试

防盗器套件电路安装应根据防盗器套件产品安装指南和所安装防盗器车辆的具体情况来安装。如边门、行李箱门触发线路连接，点火开关 ACC 线路连接，制动线路连接，发动机断电回落线路连接，油路控制止动线路连接，转向灯线路连接，防盗器电源、地线路连接和中控锁配线路连接等。

3．防盗器检查调试

对防盗器产品功能检查调试如线路安装检查，传感器灵敏度调试，遥控器的功能检查和各功能件的检查等。

三、电子式防盗器套件

以铁将军 6885 型汽车防盗器的套件为例。

1．防盗器遥控器

防盗器遥控器有 3～5 个功能，设有设定键、解除键、静音键、寻车键和尾箱专用按键，如图 5-34 所示。

（1）通过设定键进入声光防盗警戒状态。

（2）通过解除键解除防盗警戒状态。

（3）通过静音键进入静音防盗警戒状态。

（4）通过寻车键使喇叭鸣叫。

（5）通过尾箱专用按键自动开启尾箱盖。

图 5-34 遥控器

2．防盗器主机

防盗器主机如图 5-35 所示，也称微电脑装置是防盗器的核心装置，接受各种信号和控制防盗系统。

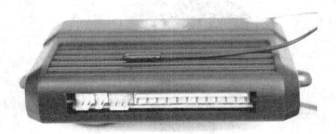

图 5-35 防盗器主机

3．振动传感器

振动传感器如图 5-36 所示，安装在车身上感受车身振动，将振动信号传给防盗器主机。

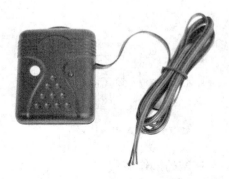

图 5-36 振动传感器

4．LED 警示灯

LED 警示灯如图 5-37 所示，安装在车内仪表台表面，车外行人容易看得到，以达到警示的作用。

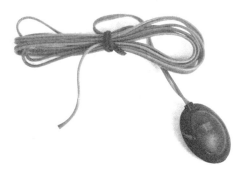

图 5-37　LED 警示灯

5．防盗器语音喇叭

防盗器语音喇叭如图 5-38 所示，可发出声报警。

图 5-38　防盗器语音喇叭

6．中控锁

中控锁如图 5-39 所示，可控制 4 个车门开和关。

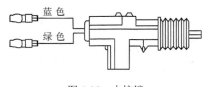

图 5-39　中控锁

四、电子式防盗器安装与调试的操作规程

汽车防盗器是汽车上一个附加装置，防盗器购买后，需要与汽车对接线路后才能正常使

用。防盗器的性能和功能主要由 3 个因素决定：防盗器产品质量、安装方法及使用方法。而防盗器的正确安装与防盗器质量同样重要，由于安装不当会造成防盗器部分功能失灵，使用中易出现故障。安装电子式防盗器的安装电路图如图 5-40 所示。

1. 防盗器套件安装操作规程

防盗器套件安装是把防盗器套件正确的安装在汽车内。

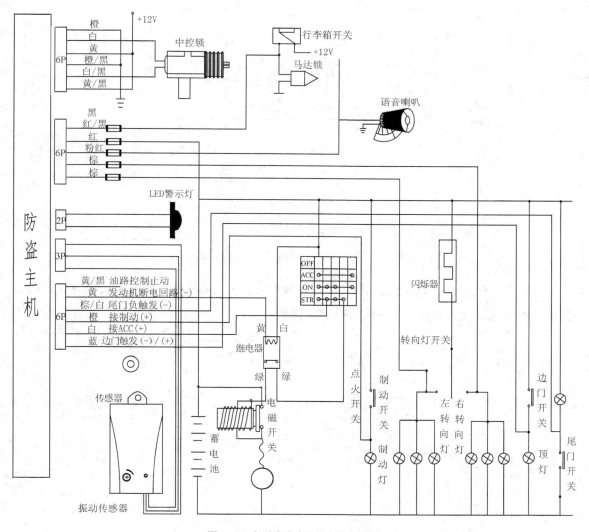

图 5-40　电子式防盗器的安装电路图

（1）防盗器套件安装是指根据防盗器生产厂家的安装说明书要求，将防盗器主机、防盗器传感器、LED 警示灯、语音喇叭安装在车体上。

（2）中控锁安装操作规程。中控锁安装是根据车门锁结构形式，安装中控锁。不同的车型车门锁结构形式是不同的。安装中控锁时，先了解车门锁结构，再进行安装。

2. 防盗器套件电路安装操作规程

防盗器套件电路安装是把防盗器套件电路与汽车线路对接。防盗器套件安装电路详见防盗器安装电路图。根据防盗器安装电路图完成下列的线路安装连接。

（1）边门、尾门（行李箱门）触发线路连接。使用万用表找到边门的车顶灯开关线，如图 5-41 所示，将防盗器主机的 6P 插头蓝色的线牢固接好并绝缘包扎。

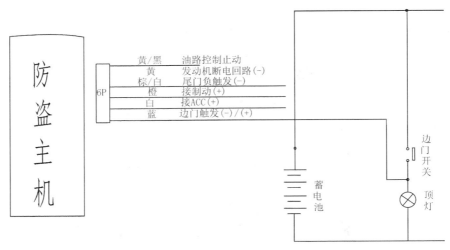

图 5-41　边门、尾门（行李箱门）触发线路连接电路图

（2）点火开关 ON 线路连接。使用万用表找到点火开关 ON 线，如图 5-42 所示，将防盗器主机的 6P 插头白色的线牢固接好并绝缘包扎。

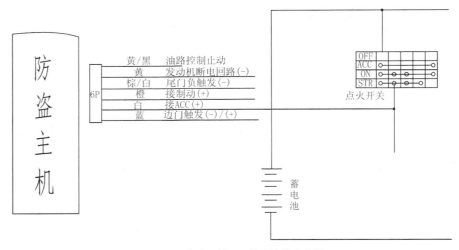

图 5-42　点火开关 ON 线路连接电路图

（3）制动开关线路连接。使用万用表找到制动灯开关线，如图 5-43 所示，将防盗器主机的 6P 插头橙色的线牢固接好并绝缘包扎。

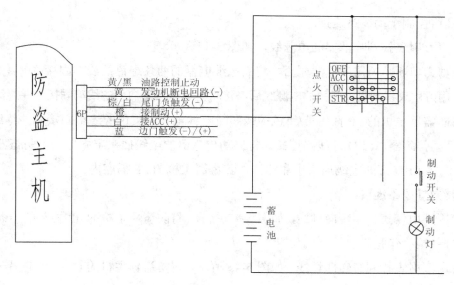

图 5-43 制动开关线路连接电路图

（4）发动机断电回路线路连接。

① 使用万用表找到点火开关的起动线。

② 用剪刀剪断起动线后，将断电继电器的两条绿色的线牢固接好并绝缘包扎。

③ 使用万用表找到点火开关的电源线，如图 5-44 所示，将断电继电器的白色线牢固接好并绝缘包扎。

④ 将防盗器主机的 6P 插头黄色的线和断电继电器的黄色的线牢固接好并绝缘包扎。

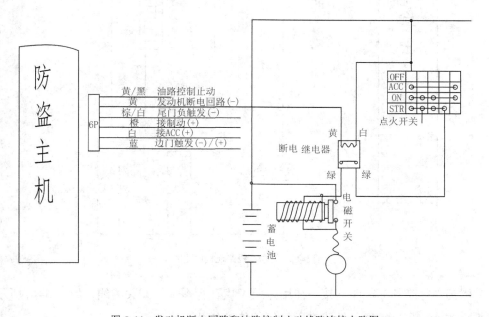

图 5-44 发动机断电回路和油路控制止动线路连接电路图

（5）油路控制止动线路连接。

① 使用万用表找到喷油器的电源线，如图 5-44 所示。

② 用剪刀剪断喷油器的电源先后，将断电继电器的两条绿色的线牢固接好并绝缘包扎。

③ 使用万用表找到点火开关的电源线后，将断电继电器的白色的线牢固接好并绝缘包扎。

④ 将防盗器主机的 6P 插头黄/黑色的线和断电继电器的黄色的线牢固接好并绝缘包扎。

（6）振动传感器、LED 灯线路连接。将振动传感器的电线插头牢固地插入防盗器主机的 3P 插座内。将 LED 灯的电线插头牢靠的插入防盗器主机的 2P 插座内。

（7）转向灯线路连接。

① 使用万用表找到左转向灯线，如图 5-45 所示，将防盗器主机的 6P 插头的一条棕色的线牢固接好并绝缘包扎。

② 使用万用表找到右转向灯线，如图 5-45 所示，将防盗器主机的 6P 插头的另一条棕色的线牢固接好并绝缘包扎。

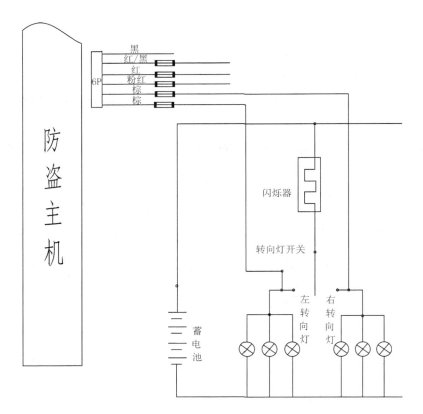

图 5-45　转向灯线路连接电路图

（8）尾门（行李箱）线路连接。使用万用表找到行李箱灯开关的线，如图 5-46 所示，将防盗器主机的 6P 插头红/黑色的线牢固接好并绝缘包扎。

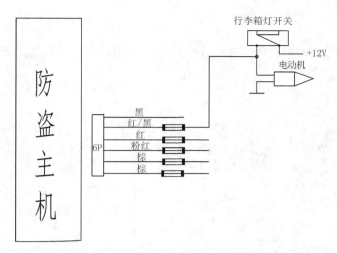

图 5-46　尾门（行李箱）线路连接电路图

（9）语音喇叭线路连接。

① 将语音喇叭粉红色的线与防盗器主机 6P 插头粉红色的线牢固接好并绝缘包扎。

② 将语音喇叭的黑色电线用螺栓牢固搭铁。

（10）防盗器电源。使用万用表找到点火开关电源线后，将防盗器主机的 6P 插头红色的线牢固接好并绝缘包扎。

（11）接地线路连接。将防盗器主机的黑色的电线用螺栓牢固搭铁。

（12）中控锁配线路连接。

① 将防盗器主机的 6P 插头橙色和橙/黑的线牢固接好并绝缘包扎后，用螺栓牢固搭铁。

② 使用万用表找到点火开关电源线，如图 5-47 所示，将防盗器主机的 6P 插头黄色和黄/黑的线牢固接好并绝缘包扎。

③ 将防盗器主机的 6P 插头白色和白/黑的分别和中控锁上的线牢固接好并绝缘包扎。

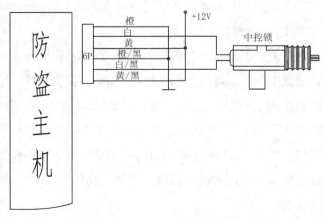

图 5-47　中控锁配线路连接电路图

3. 防盗器测试

防盗器调试是防盗器主机所有配线连接完成后，防盗器产品功能对防盗器所有的功能进行测试。

单元四 倒车雷达

知识要点

了解汽车安全防盗器的作用。

了解汽车安全防盗器的流程。

技能要点

掌握汽车安全防盗器的设备、用具和用品的使用方法。

掌握汽汽车安全防盗器的基本技能。

一、倒车雷达的作用

倒车雷达又称泊车辅助系统。它是汽车泊车或者倒车时的安全辅助装置，由超声波传感器（俗称探头）、控制器和显示器（或蜂鸣器）等部分组成。倒车雷达在汽车倒车时，能准确地测出车尾与最近障碍物间的距离，并在驾驶室安装显示器用数字进行显示，同时发出"Bi、Bi"的警告声提醒驾驶员。告知驾驶员车尾障碍物的情况，帮助驾驶员扫除视野死角，预防视线模糊的缺陷，提高驾驶的安全性。

倒车雷达大多采用超声波测距原理，在倒车时，将汽车的挡位推到 R 挡，起动倒车雷达，在控制器的控制下，由装置于车尾保险杠上的超声波传感器（探头）发送超声波，遇到障碍物，产生回波信号，传感器接收到回波信号后经控制器进行数据处理，从而计算出车体与障碍物之间的距离，判断出障碍物的位置，再由显示器显示距离并发出警示信号，从而使驾驶者倒车时不至于撞上障碍物。整个过程，驾驶者无须回头便可知车后的情况，使停车和倒车更容易、更安全。

以铁将军 6885 型汽车倒车雷达为例介绍倒车雷达的功能。

（1）显示器蓝屏动态显示。

（2）雷达探测障碍物精确定位，危险距离停车报警。

（3）超声波传感器（探头）防水/防霜/防风沙。

（4）真人声报距。

（5）显示器万向节设计，安装位置多选择。

（6）"心跳式"蜂鸣报警声警示。

（7）2.5～0.3m 精确数字显示。

（8）超声波传感器（探头）自检，异常提示。

（9）超声波传感器（探头）宽角长距探测设计。

（10）真人声报距音量可调，个性选择。

（11）全天候适用（−40℃～+85℃）。

（12）防误报测距技术。

二、倒车雷达的安装与调试工作流程

倒车雷达的型号品种很多。本书以国内驰名品牌铁将军 6335 型汽车倒车雷达为例介绍倒车雷达的安装和调试工做流程。

倒车雷达的安装与调试由倒车雷达套件安装、倒车雷达电路连接安装和调试三大工序组成。

1．倒车雷达套件安装

倒车雷达安装应根据倒车雷达产品安装指南中的倒车雷达连接电路图和所安装倒车雷达车辆的具体情况来安装。

如倒车雷达控制器安装、倒车雷达传感器（探头）安装、倒车雷达显示器安装等。

2．倒车雷达电路安装

倒车雷达电路安装应根据倒车雷达产品安装指南和所安装倒车雷达车辆的具体情况来安装。如倒车雷达控制器与倒车灯线路连接，倒车雷达主机与显示器线路连接，倒车雷达控制器与各传感器（探头）线路连接等。如铁将军 6335 型汽车倒车雷达线路连接示意图，如图 5-48 所示。

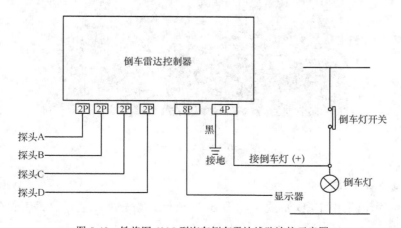

图 5-48　铁将军 6335 型汽车倒车雷达线路连接示意图

3．倒车雷达检查调试

倒车雷达检查调试应根据倒车雷达产品的功能来检查和测试。如线路安装检查，传感器灵敏度调试，各功能的检查等。

三、铁将军 6335 型汽车倒车雷达套件

该套件由倒车雷达控制器、倒车雷达显示器和倒车雷达传感器（探头）等组成，如图 5-49 所示。

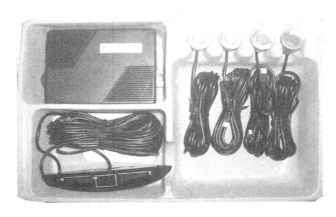

图 5-49　铁将军 6335 型汽车倒车雷达套件

1．倒车雷达控制器

倒车雷达控制器如图 5-50 所示，是用来实现处理数据、系统间的通信和控制功能。在控制器的控制下，由传感器放射超声波信号。当遇到障碍物时，产生回波信号，传感器接收到回波信后，经控制器进行处理，判断障碍物的位置，由显示器显示距离并发出警示信号。

图 5-50　倒车雷达控制器

2．倒车雷达显示器

倒车雷达显示器采用 LED 形式，如图 5-51 所示，设有距离显示、语音符号、危险警示灯、精确定位等。还可以发出语音报警声。

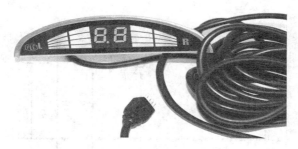

图 5-51　倒车雷达显示器

3．倒车雷达传感器（探头）

倒车雷达传感器（探头）如图 5-52 所示，装于车尾保险杠上。工作时，发出超声波信号，遇到被测物体后反射回来，被倒车雷达接收到。只要计算出超声波信号从发射到接收到回波信号的时间，知道在介质中的传播速度，就可以计算出车体与障碍物之间的距离。

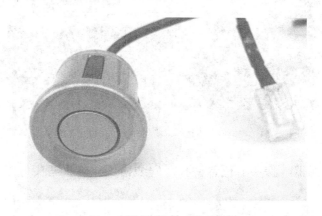

图 5-52　倒车雷达传感器（探头）

四、倒车雷达套件安装操作规程

倒车雷达套件安装是把倒车雷达套件正确地安装在汽车内。根据倒车雷达生产厂家的安装指南和所装倒车雷达车辆的实际情况，将倒车雷达主机、倒车雷达传感器（探头）、显示器在车体上的安装倒车雷达套件。

1．倒车雷达传感器（探头）安装操作规程。

本书介绍倒车雷达传感器（探头）固定式安装在车尾或保险杠上的安装方法。

倒车雷达传感器（探头）固定式安装采用开孔式探头，在车尾或保险杠上开孔，然后将倒车雷达传感器（探头）嵌套在孔内固定。

倒车雷达传感器（探头）安装位置确定。按倒车雷达产品传感器安装指南，倒车雷达的 4 个传感器（探头）在车尾或保险杠上安装位置高度是一样的，安装高度在 45～55cm 之间。而倒车雷达的 4 个传感器（探头）在车尾或保险杠上横向安装，如图 5-53 所示。

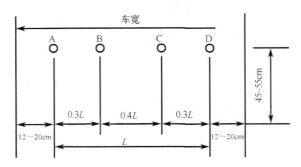

图 5-53　倒车雷达传感器（探头）安装位置尺寸示意图

（1）在车尾或保险杠上确定倒车雷达传感器（探头）安装开孔位置，如图 5-54 所示。

图 5-54　确定倒车雷达传感器（探头）安装开孔位置

（2）倒车雷达传感器（探头）位置钻孔。安装钻头，确认钻头与探头直径相等，如图 5-55 所示。

在已划好的倒车雷达传感器（探头）位置进行钻孔，如图 5-56 所示。

按倒车雷达产品探头安装位置的要求钻完四个倒车雷达传感器（探头）安装开孔钻孔，如图 5-57 所示。

图 5-55　确认钻头与探头直径相等

图 5-56　倒车雷达传感器（探头）位置钻孔

图 5-57　钻孔完成情况

（3）安装倒车雷达传感器（探头），如图 5-58 所示。将倒车雷达四个传感器（探头）分别安装在安装孔内，如图 5-59 所示。

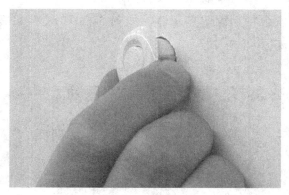

图 5-58　用手指均衡用力将探头压入孔内并紧贴车身

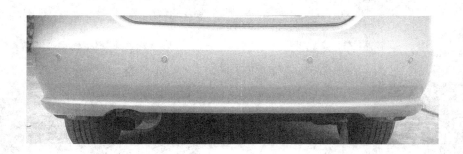

图 5-59　倒车雷达四个传感器（探头）安装完成情况

2. 倒车雷达主机安装

在行李箱内选择适当位置，用螺栓安装倒车雷达主机，如图 5-60 所示。

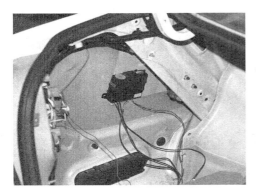

图 5-60　倒车雷达主机安装

3．显示器安装

显示器安装底座设有安装粘胶。将安装粘胶保护膜撕掉，如图 5-61 所示。然后，在仪表台粘贴固定显示器，如图 5-62 和图 5-63 所示。或在挡风玻璃上粘贴固定显示器，如图 5-64 所示。

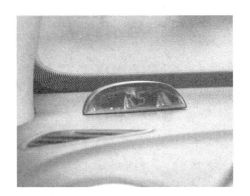

图 5-61　撕掉安装粘胶保护膜　　　　　　　　图 5-62　粘贴在仪表台合适位置

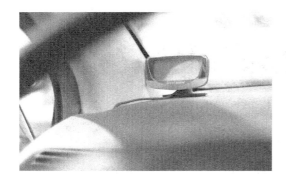

图 5-63　粘贴在仪表台合适位置　　　　　　　图 5-64　粘贴在挡风玻璃内侧

4. 倒车雷达套件电路安装

倒车雷达套件电路安装是安装倒车雷达线路图，如图5-65所示，把倒车雷达套件电路与汽车线路对接。根据倒车雷达生产厂家的安装说明书要求完成的线路安装连接。

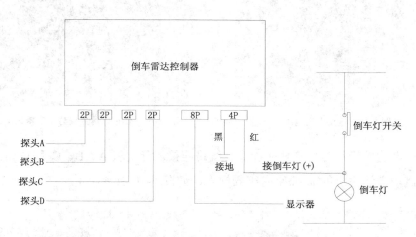

图5-65　倒车雷达线路连接示意图

（1）倒车雷达主机与倒车灯线路连接。

① 挂入倒车挡接通倒车灯开关，如图5-66所示。

② 连接倒车灯线与主机线连接，使用万用表找到倒车灯线，如图5-67所示，将倒车雷达主机的红色电线牢固接好并绝缘包扎操作规程。

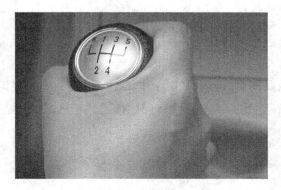

图5-66　挂入倒车挡接通倒车灯开关

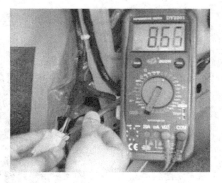

图5-67　使用万用表找到倒车灯线

将显示器上的连线接倒车雷达主机的8P插座内牢固插入操作规程。

（2）倒车雷达主机接地线连接，如图5-68所示。

（3）倒车雷达主机与显示器线路连接。将显示器上的连线接倒车雷达主机的8P插座内牢固插入，如图5-69所示。

图 5-68　连接主机地线

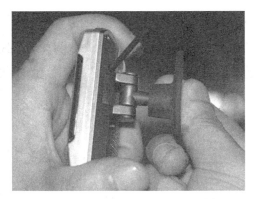

图 5-69　倒车雷达主机与显示器线路连接

（4）倒车雷达主机与各传感器（探头）线路连接。分别将 A、B、C 和 D 传感器（探头）上的连线接倒车雷达主机的 A 插座内牢固插入，如图 5-70 所示。

图 5-70　倒车雷达主机与各传感器（探头）线路连接

5．倒车雷达功能测试

倒车雷达调试是倒车雷达主机所有配线连接完成后，对倒车雷达所有的功能进行测试。

在汽车后方处设置障碍物，如图 5-71 所示，由一人持垂直竖起的板子站于汽车后方 2.5m 处，驾驶者慢速倒车，测试相应功能操作规程。

图 5-71　汽车后方 2.5m 处设置障碍物

单元五 汽车音响

知识要点

了解汽车音响的作用。

了解汽车音响的流程。

技能要点

掌握汽车音响的设备、具和用品的使用方法。

掌握汽车音响的基本技能。

一、汽车音响的作用

汽车音响早在五十多年前就初现端倪。发展至今，它已由最初的汽车收音机演变为集视听娱乐、通信、导航、辅助驾驶等功能于一身的综合性多媒体车载电子系统，并成为汽车上不可缺少的组成部分。虽然车载音响设备对于轿车来讲，只是一种辅助设备，对汽车的运行性能没有影响。但随着人们对驾驶舒适度的要求越来越高，汽车制造商也日益重视起轿车的音响设备，并将它作为评价轿车舒适性的依据之一。

汽车音响主要包括主机、扬声器、功率放大器三部分。主机是汽车音响中最重要的组成部分，目前流行的主机有 CD 主机、MP3 加 CD 碟盒和 CD/DVD 主机，使用最多的是车载 CD 音响系统。扬声器俗称喇叭，车用扬声器以锥形设计最为多见，这是因为在车内安装位置有限的情况下，锥形设计可以尽可能地扩大振膜的有效面积，而振膜的有效面积决定了扬声器的低频响应。 功率放大器简称功放，其作用是将音频输入的信号进行选择与输入处理，进行功率放大，使电信号具有推动音箱的能力。

汽车音响的生产及销售主要分为两大体系，一是汽车生产厂配套定制（即 OEM）的产品，俗称原装音响，这类产品是各大汽车制造商根据不同车型的特点而要求音响制造商为其度身定制。其特点是外观和汽车内饰融为一体，且安装稳固，但其功能多数较为简单，这类的音响器材大多属于中档，这主要受汽车制造成本所限。另一类则是市场供应的、用于改装的各大品牌汽车音响产品，其特点是个性化强，产品档次繁多，能适应不同层次消费的需要，但同时也受汽车预留安装尺寸的影响。

本书着重介绍汽车 CD 机的安装与调试。

二、汽车音响（CD机）的安装与调试工做流程

汽车音响的型号品种很多。我国汽车音响市场基本上有三种。一是以日本为中心的国外品牌产品，如阿尔派、先锋、菲利普、索尼、松下、中道等。二是以日系、韩系为特征的合资企业产品，如天津的大宇、现代，丹东的阿尔派，大连的松下，上海的先锋，上海和惠州的建伍，东莞的歌乐。三是国内品牌产品如 Frecway 等品牌。

本书以国内汽车音响三和 US37CD 机为例介绍汽车 CD 机的安装和调试工做流程。

汽车 CD 机的安装与调试由汽车 CD 机主机安装、扬声器的安装、CD 机电路连接（见图 5-72）和调试四大工序。

（1）汽车 CD 机主机安装。

（2）扬声器的安装。

（3）CD 机电路连接电路连接。

（4）CD 机检查调试。

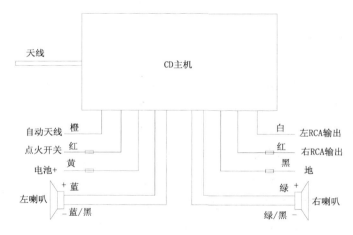

图 5-72　CD 主机连接示意图

三、汽车音响 CD 机安装操作规程

1. 汽车音响 CD 机的选用

汽车音响 CD 机的选配应重点考虑规格，音质、功能和性能等。

（1）规格。主机外形尺寸分 1DIN 和 2DIN 两种规格。欧洲车的尺寸为 ISO 标准尺寸，为 185mm×50mm×160mm，称为 DIN 尺寸，这是目前市场上销售的汽车音响的标准尺寸，通用性极强。日本车的尺寸，高度是欧洲车的 1 倍，长和宽尺寸是一样的。称为 2DIN 尺寸。国产汽车上的汽车收音机安装孔的尺寸大多也符合规定标准，如图 5-73 所示。

（2）音质。应根据车主的喜好选择音响音质的类型。音质包括音区、音高、音色三方面。

一般情况下，越高档的机型音质就越好，音响之间的差别一般体现在音色方面。

（3）功能。普通 CD 机型基本功能有以下几点。

① 音调的调节。低频的调节频率通常设定在 45Hz，高频的设定在 12kHz，调节的范围在±6dB 之间。

② 等响度的控制。通常当音量较小时，会发现高音、低音好像都没有了，整个声音没有层次感，可通过按 LOUND 功能键，对高音、低音自动进行提升。

③ 预置均衡模式。可以对不同的音乐设置不同的频率曲线，对不同的声音频段进行适量的增强与调整。一般有摇滚（ROCK）、流行（POP）、爵士（JAZZ）古典等音响模式。

④ 环绕声均衡模式。主要有运动场、录音室、大厅、教堂等各种环绕效果。

（4）性能。主机的好坏主要有以下几个技术指标。

① 输出功率。主机所标的功率绝大多数为音乐功率，在 40～60W 之间，功率越大越好。

② 频率响应。频率范围应在 20～20kHz 之间。

③ 信噪比。指的是音乐信号与噪声的比值，单位为分贝（dB），该数值越大越好。一般高档的产品都在 100dB 以上，声音干净、清晰度高。

④ 谐波失真。该指标体现声音再现的还原度，数值越小表示还原度越高。

2．扬声器的选配

首先选择扬声器时应考虑与主机功率相匹配和使用系统的类型。如选择音乐品质型系统（播放古典乐、交响乐、轻音乐等），应选择音质清晰、柔和的扬声器；如选择劲量型系统（播放迪斯科、摇滚乐等），应选择比较牢固和动态范围大的扬声器，如图 5-74 所示。

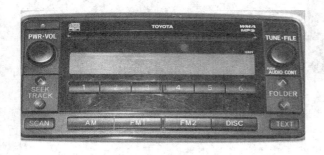

图 5-73　汽车音响 CD 主机

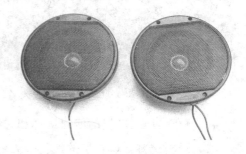

图 5-74　扬声器

扬声器最好选用套装产品（即高音、中低音分开），这样方便声场定位。因为高音有指向性，所以高音安装最佳位置应与人耳平行，后面的扬声器尽量选择直径大、低音特性好的，这样整体声音才会显得饱满。

3．汽车 CD 机主机和扬声器的安装

（1）汽车 CD 机主机的安装。汽车 CD 机主机一般是安装在中控台的音响主机槽内，如

图 5-75 所示,利用主机外壳上的各个止动片并将其固定。CD 机在安装前要先调整好减振方向旋钮,否则没有减振功能,甚至损坏 CD 机,可调整的减振方向一般有 0°、45°、90°,可根据需要调整。在安装时应注意一定要水平安装,而且要固定牢固,否则减振效果差。

图 5-75　汽车 CD 机主机的安装

（2）汽车音响扬声器的安装。常见汽车音响扬声器是安装在车前两边门的内侧,如图 5-76 所示。

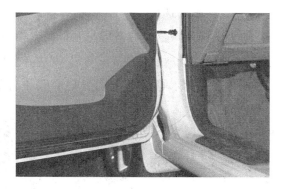

图 5-76　汽车音响扬声器安装

4. 汽车音响 CD 机的线材选择和布线工艺要求

（1）线材选择。CD 机的线材分为信号线、电源线和扬声器线,最好选用高抗氧化,高导电率,外皮包有 PVC、PE、PP 等材料的线材。

信号线需要考虑屏蔽。选用双层屏蔽线材,可增强抗干扰性,防止杂音进入。

电源线要考虑传导性。汽车音响专用多芯铜线,不仅阻抗小,导电率高,而且线材的外皮耐高温、高阻燃、抗老化。使用线径过细的线材会发热造成热损耗,甚至会引发火灾。

扬声器线要使用耐高低温、抗老化的材料。线材宜选用钛金、镀银、无氧铜等材质,使用不同的线材,音质将略有差异。

另外，应使用镀金保险座以防止线路短路。汽车音响是在颠簸振动、温度高、电流大的环境中工作，如果电源线外皮被磨破或车辆发生碰撞造成与车身短路，容易引发火灾。使用镀金保险座，可以防止短路和氧化锈蚀，确保车辆的安全。

（2）布线工艺要求。布线工艺要协调美观，一是走线不能影响原车线路，制作低音音箱不能破坏车体，器材要与原车整体布局和颜色协调美观；二是布线要避开电脑和控制系统，避免因布线位置不合理，使车上用电器与音响系统互相干扰。音响的电源一定要选择汽车线路上的主干线或蓄电池，避免大电流造成火灾。

5. 汽车音响 CD 机的线路连接

汽车音响 CD 机的线路安装是按照汽车音响 CD 机的线路图，如图 5-77 所示，把汽车音响 CD 机的线路图与汽车上的相关线路对接。根据汽车音响 CD 机产品的安装说明书要求，完成下列的线路安装连接。

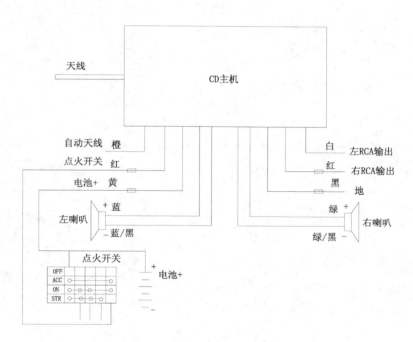

图 5-77 CD 主机的线路连接电路图

（1）CD 机与自动天线的线路连接。使用万用表找到自动天线的电线后，将 CD 主机的橙色电线牢固接好并绝缘包扎。

（2）CD 机与点火开关 ACC 线路连接。使用万用表找到点火开关 ACC 线后，将 CD 主机的红色电线牢固接好并绝缘包扎。

（3）CD 机与蓄电池+线路连接。使用万用表找到点火开关电源线后，将 CD 主机的黄色的电线牢固接好并绝缘包扎。

（4）CD 机与左喇叭线路连接。使用万用表找到左喇叭线的"+"和"–"后，将 CD 主机的"+蓝色"和"–蓝/黑"的电线牢固接好并绝缘包扎。

（5）CD 机与右喇叭线路连接。使用万用表找到右喇叭线的"+"和"–"后，将 CD 主机的"+绿色"和"–绿/黑"电线牢固接好并绝缘包扎。

（6）CD 机与地线线路连接。将倒车雷达主机的黑色的电线用螺栓牢固搭铁。

（7）CD 机与左右 RCA 线路连接。

6．CD 机功能测试

CD 机功能测试是 CD 机主机所有配线连接完成后，对 CD 机所有的功能进行测试。